基础教育国家级教学成果奖一等奖成果推广和应用

小学英语教学方法论丛书

基于语篇的小学英语教学评活动设计与应用

A discourse-based approach to primary English teaching

三年级上

郑文 主编

浙江教育出版社 · 杭州

图书在版编目（CIP）数据

基于语篇的小学英语教学评活动设计与应用. 三年级上 / 郑文主编. -- 杭州 : 浙江教育出版社, 2024.5
（小学英语教学方法论丛书）
ISBN 978-7-5722-7659-0

Ⅰ. ①基… Ⅱ. ①郑… Ⅲ. ①英语课一教学设计一小学 Ⅳ. ①G623.312

中国国家版本馆CIP数据核字(2024)第050962号

责任编辑 陆 鸿　　**美术编辑** 曾国兴
责任校对 陈阿倩　　**责任印务** 陆 江
封面设计 林智广告

小学英语教学方法论丛书
基于语篇的小学英语教学评活动设计与应用　三年级上
XIAOXUE YINGYU JIAOXUE FANGFALUN CONGSHU
JIYU YUPIAN DE XIAOXUE YINGYU JIAO XUE PING HUODONG SHEJI YU YINGYONG SAN NIANJI SHANG
郑文　主编

出版发行：浙江教育出版社
（杭州市环城北路 177 号　电话：0571-85170300-80928）
图文制作：杭州林智广告有限公司
印刷装订：浙江新华数码印务有限公司
开　　本：787 mm×1092 mm　1/16
印　　张：12.75
字　　数：255 000
版　　次：2024 年 5 月第 1 版
印　　次：2024 年 5 月第 1 次印刷
标准书号：ISBN 978-7-5722-7659-0
定　　价：66.00 元

前言
FOREWORD

从2001年至今，小学英语课程经历了从无到有、从有到优的变化和发展。小学英语教师的数量和质量同步发展，区域之间、城乡之间的教学水平差异正逐渐缩小；课程目标从培养学生综合语言能力到发展学生核心素养，课堂教学从最初关注词汇、句型结构，到关注话题、语境、语篇和语用，教研从关注教师表现演绎到关注学生学习的发生，等等。如何将课程标准理念和课堂教学实际相结合，架设起理论与实践的桥梁，并通过教学研讨及时诠释正确的方向，助力教师上好每一堂课，是教研工作者的重要使命。然而，现实中课堂教学仍存在诸多问题，教师为考而教，学生为考而学，尤其是终结性评价分数和排名等次仍是困扰师生并驱动师生日常教与学行为的顽疾。实施与素养取向的课程目标相吻合的评价体系仍面临巨大挑战。相较于课程理念和教材的更新迭代，对评价的实践研究和落地相对滞后，从学业质量标准到评价标准、评价内容和方法，再到评价结果应用等，并未与素养导向的改革方向同步发展，这在一定程度上制约甚至阻碍了英语教育教学改革的深入推进。

20余年来，浙江省小学英语课程改革始终伴随着评价的研究与实践，尤其是国家级教学成果“基于语篇的小学英语教学模式研究与实践”的研究基础和推广应用，对与之匹配的素养导向的评价提出了迫切要求。2021年，以中国教育学会2021年度教育科研规划课题“小学英语分项等级评价的研究与实践”（课题编号：202100140402B）立项为标志，新一轮小学英语评价研究正式启动。开展“小学英语分项等级评价的研究与实践”不仅是响应国家对教育评价改革的要求，也是素养导向的英语课程标准对英语教学的要求。2022年3月，课题组启动课题开题会议，明确研究目标和研究路径，即基于英语学科培养学生核心素养的课程目标和学业质量标准描述，开展分项等级评价的研究与实践，实现评价促进教学质量提升、教师综合素养提升，最终指向为学生的全人发展服务的目标。2022 年 4 月，《义务教育英语课程标准（2022 年版）》正式颁布。在充分解读课程标准和学业质量标准的基础上，2023 年 6 月，课题组研制完成《小学英语综合评价指南》，确定小学英语分项等级评价框架和各年级学业评价标准，研制分项评价命题样例及具体实施，为教师实施基于标准的过程性和终结性评价提供操作指南。

与此同时，我们意识到，要落实教学评价“贯穿英语课程教与学的全过程”，课堂恰恰是实施“教—学—评”一体化的主要阵地，通过课堂“使评价镶嵌于教学之中，成为教学的有机组成部分”，将评价结果应用到进一步改进教学和提高学生学习成效上。基于前期对语篇教学研究与实践的基础，我们于 2023 年 2 月启动“基于语篇的教学评活动设计与应用”研究。这是一项庞大的系统工程，覆盖三至六年级全课时，每一个课时不仅仅停留于活动和评价的设计，更需要帮助教师基于语篇理念打磨好每一节课。

《基于语篇的小学英语教学评活动设计与应用》丛书是郑文老师主持的中国教育学会 2021 年度教育科研规划课题的研究成果之一。丛书依据人教版《义务教育教科书 英语（三年级起点）》（PEP）分册设计。各册立足单元整体分课时设计，覆盖三至六年级八册共 346 个课例，包括教材核心板块、选学板块和复习板块，所有课例均配有教学简案，并在相应步骤提供“活动单链接”，以学生的活动与评价协同推进教学目标落实，最终指向发展学生核心素养的课程目标，为广大教师上好每一堂课提供实践路径和教学支撑，打通公开课与家常课对接的“最后一公里”。具体体现在以下几个方面：

◎立足单元分析课时教学材料。各课时教学设计呼应单元主题和单元教学目标，对单元主题的关注有机渗透于各课时教学过程中，避免主题意义提炼的大而空和贴标签现象，让学生在课堂活动中自然而然地感受主题所蕴含的情感和价值。

◎基于核心素养确定课时目标。以学生语言能力的发展为主体进行目标描述，将学生有关文化意识、思维品质和学习能力的发展有机融入其中，凸显各课时板块在发展学生语言能力上的不同功能，力求目标简洁清晰，可检测。

◎凸显教学设计思路的课型特征。针对同一单元各板块不同语篇类型，以及各板块在发展学生听、说、读、看、写等语言能力和综合语言实践能力等方面的目标要求上各有侧重，根据不同课时的课型特点设计活动，在整体情境中推进课堂教学评活动。

◎基于语篇和主题提炼课时板书。从语篇和主题视角将单元主题分课时呈现于板书中，力求体现板书设计的结构化特征，而非简单照搬课时的教学内容，关注文本内涵的挖掘和核心语言知识的结构化梳理，便于学生举一反三，迁移运用。

◎依托活动评价单推进课堂教学。活动单凸显评价为教学服务，而不是另外添加并占用教学时间。将活动和评价有机融合，贯穿课堂教学全过程，以评促教、以评促学，以简单可操作的“星级”呈现评价层级，方便学生自评、互评和教师的综合评价。

为帮助教师使用好本丛书，教师在日常教学过程中，还需要注意如下要点：

1. 认真研读教材及各单元语篇。从单元入手厘清课时教学目标，备课时学习并灵活应用本丛书所提供的教学设计和活动评价单，不盲目照搬。

2. 根据实际调整筛选活动内容。丛书各课时所提供的活动任务较为丰富，并非每个活动都要选用。教师要结合学生实际，调整教学步骤，对相关活动可以做筛选、补充或改进，处理好难易度、趣味性，做到动静结合。

3. 活动评价的主体是全体学生。教师要从学期开始让学生知晓如何使用活动评价单，即学生在完成活动的过程中做好自评和互评，发挥学生的主体性，保证教学的流畅性，减少在教学推进过程中不时停下来进行评价操作。

4. 评价与活动伴随为教学服务。为使课堂评价便于师生操作，每个活动设置的评价标准力求简洁，完成情况以三星（⭐⭐⭐）表示，让学生自评和互评每课时的得星总数，教师结合学生综合表现确定 Great、Good、Try hard 三个等级。

5. 课堂表现与学业评价相结合。教师可以将学生的课堂活动表现与单元和期末的综合评价相结合，根据学业质量评价标准（具体见附录），从视听理解、口语表达、阅读理解、书面表达和综合语言实践等分项对学生作出综合等级评价，体现过程性和综合性评价的一致性。

丛书由郑文老师整体策划，带领核心团队及成员共 250 余位教师精心研磨，合力攻关，是浙江省小学英语团队集体智慧的结晶，是 20 余年来浙江教研坚持“以课堂为主阵地，以研究促教学改进”的价值体现。衷心希望它能成为架设新课标理念和新教材落地的桥梁，成为助力教师上好每一堂课、让每一位学生的学习真正发生的理想工具和有力支撑。真诚希望广大教师在使用过程中提出宝贵意见与建议。

郑文

2024 年 2 月 21 日

目 录

CONTENTS

CONTENTS

Unit 3 Look at me!

Recycle 1

Unit 4 We love animals

Unit 5 Let's eat!

Unit 6 Happy birthday!

C O N T E N T S

Unit 1 Hello!

A Let's talk

教学材料分析

本单元是三年级上册的第一单元，本课时也是学生正式学习英语的第一课。本课时围绕“打招呼”这一话题展开，通过 Miss White 和学生第一次见面打招呼的情境，呈现核心句型“Hello/Hi! I'm ...”，要求学生能理解对话大意，能在语境中运用“Hello/Hi!”跟别人打招呼并用“I'm ...”介绍自己。

学生基础分析

三年级学生刚开始接受正式的校内英语学习。也许有部分学生已通过绘本阅读等方式学习过简单的英语词句，如“Hello!”“OK.”等，教师在教学过程中可考虑这一实际情况，突破重点。

三年级学生活泼好动，乐于模仿，在课堂上乐于发言，对于课堂中的游戏活动兴趣浓厚。他们对打招呼和简单的自我介绍用语也有初步的了解。本课将为进一步询问对方姓名的对话学习打下基础。

教学设计思路

本课时是以学习句型“Hello/Hi! I'm ...”为主的对话课。在课堂教学过程中，教师通过创设听、说、读、演等活动，在 at school 的情境中，引导学生对目标语言进行学习并不断加深对“自我介绍”这一主题的理解与体会。

教学目标定位

1. 能听懂、会说句子“Hello/Hi! I'm ... ”并按照正确的语音语调朗读对话。
2. 能认识和区分教材人物，并能进行角色扮演。
3. 能在合理的语境中运用句型“Hello/Hi!”与别人打招呼，能运用句型“I'm ...”进行自我介绍。

板书设计

教学过程

<table>
<tr><th>教学环节</th><th>教学活动</th><th>活动单链接</th></tr>
<tr><td rowspan="2">Warming up</td><td>1. Enjoy a video 欣赏英文歌曲视频，让学生初步感知英语，创设英语学习的氛围。</td><td></td></tr>
<tr><td>2. Free talk 教师介绍自己。</td><td></td></tr>
<tr><td rowspan="8">Presentation
&
practice</td><td>3. Let’s try 鼓励学生尝试用英语与老师互相问候。
Hello, Miss Yang.</td><td></td></tr>
<tr><td>4. Free talk 感知英语的重要性、趣味性和普遍性。
Q1: Why do we have to learn English?
Q2: Where can you see English?</td><td></td></tr>
<tr><td>5. Present new friends 出示教材人物，学生看图观察，通过听对话获取信息。
(1) Look and guess 看图猜测人物。
(2) Listen and choose 听 Let’s talk 录音，选出人物的名字。
Q: Who’s in the picture?</td><td>【活动 1】Listen and choose</td></tr>
<tr><td>6. Let’s say
I’m Miss White/Sarah/Wu Binbin.
教师板书目标句型“I’m ...”。</td><td></td></tr>
<tr><td>7. Let’s read 跟读模仿教材录音。</td><td></td></tr>
<tr><td>8. Let’s act 小组合作表演对话。</td><td></td></tr>
<tr><td>9. Meet more new friends 引导学生认识更多教材人物，对应图片与名字。介绍新朋友 Mike、Zoom、Zip、Chen Jie。</td><td></td></tr>
<tr><td>10. Look and guess 学生看图猜测和识别更多教材人物。</td><td></td></tr>
<tr><td rowspan="3">Production</td><td>11. Role-play 二人合作，进行教材人物角色扮演，互相介绍。
S1: Hello, I’m ...
S2: Hi, I’m ...</td><td>【活动 2】Role-play</td></tr>
<tr><td>12. Let’s sing 哼唱和改编单元歌曲“Hello!”。</td><td></td></tr>
<tr><td>13. Make a name card 制作自己的姓名卡片，写上英文或中文名字，并向同伴做自我介绍。</td><td>【活动 3】Make a name card</td></tr>
<tr><td>Homework</td><td colspan="2">1. Listen and repeat the textbook page 4.
2. Finish the name card and introduce yourself to your classmates.</td></tr>
</table>

（嘉兴经开实验学校　杨敏雅）

Unit 1 Hello!

A Let's talk

I can get ________ ★ ☐ Great! ☐ Good! ☐ Try hard!

1 Listen and choose

听一听，选一选。

Who are they?

A. Sarah
B. Miss White
C. Wu Binbin
D. Mike

评价标准	完成情况
选择正确	★★★

2 Role-play

角色扮演，相互介绍。

A: Hi, I'm ______.
B: Hello, I'm ______.

评价标准	完成情况
语句正确能达意	★★★
表达流利有情感	★★★

3 Make a name card

画一画，写一写，说一说。

评价标准	完成情况
信息填写正确	★★★
书写配图美观	★★★
表达准确流利	★★★

Unit 1 Hello!

A Let's learn

教学材料分析

本单元的话题是“与新朋友打招呼”。A 部分，引导学生用“Hello/Hi! I'm ...”“I have a/an ...”介绍自己并打招呼。B 部分，引导学生用“What's your name?”“My name's ...”询问他人姓名并回答，以及用“Goodbye/Bye.”道别。本课教学内容分为 Let's learn 和 Let's chant 两部分。Let's learn 部分以教材人物 Zoom 和 Zip 为线索，通过他们互相交流包中文具的场景来呈现四个核心文具单词。Let's chant 部分延续这一情境，以图文结合的方式呈现了一个有趣生动的小语篇，将四个核心文具单词自然融入，有助于学生强化词汇的学习，并理解“Me too!”的意义。

学生基础分析

三年级学生刚开始学习英语，容易混淆英语字母发音与汉语拼音，同时又活泼好动，对于课堂中的游戏活动兴趣浓厚。教师在课堂上需要鼓励学生积极发言，多通过音频、视频增加学习输入，提高单词复现率，帮助培养学生的单词整体认读意识与能力，并创设机会让人人参与课堂活动。感知冠词 a、an 的区别并正确使用是小学生英语学习的难点之一，对于初学者来说更难，需要教师在课件与板书中标红突出显示，并不断在活动中引导学生正确使用。

教学设计思路

本节词汇课的设计基于教材，紧紧围绕“Keep school things tidy!”这一主题，创设了 Zoom's bag、Zip's bag、my bag 三个小情境，一步步将学生引向生活实际。词汇操练环节围绕教材资源，通过看课文动画、听课文录音、跟读课文、实物操练等方式，帮助学生掌握词汇的音、义、形。结合实际生活，引导学生与同伴交流自己拥有的文具。通过帮老师整理讲台上无人认领文具的活动，巩固单词认读，同时培养学生爱惜文具、归类整理的良好品质。

教学目标定位

1. 能通过看、听、说、认读等活动，掌握 pencil、ruler、crayon、eraser 这四个单词的音、义、形。
2. 能在情境中感知理解“I have a/an ...”和“Me too!”的意义，并正确运用于实际交际。
3. 能模仿课文音频、视频，扮演角色，用正确的语音语调朗读、表演对话。
4. 能学以致用，爱惜文具，并能归类整理文具。

板书设计

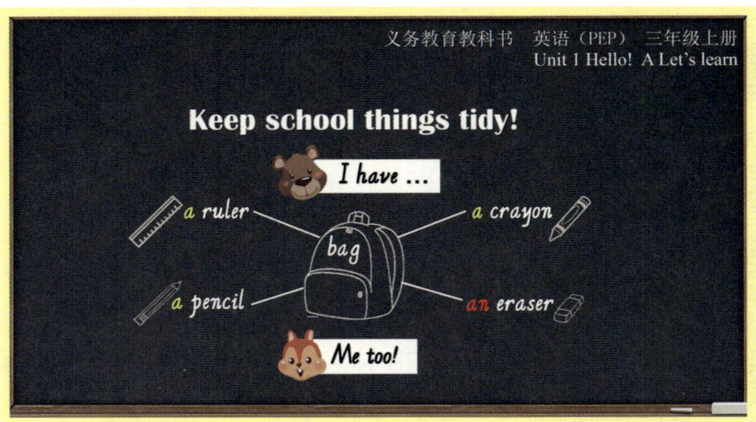

教学过程

教学环节	教学活动	活动单链接
Warming up	1. Sing a song 跟唱单元歌曲“Hello!”。	
	2. Look and say 出示 Zoom 和 Zip 打招呼的图片，引导学生进行角色扮演，展开对话。	
	3. Look and guess 引导学生看图，猜测 Zoom 书包里有什么。 Q: What's in Zoom's bag?	
Presentation & practice	4. Watch and tick 播放 Let's learn 单词部分视频。 Q: What's in Zoom's bag?	【活动 1】Watch and tick
	5. Listen and choose 播放 Let's learn 录音。 Q1: What do Zoom and Zip have? Q2: What does Zoom say? Q3: What does Zip say?	【活动 2】Listen and choose
	6. Watch and repeat 播放 Let's learn 视频，学生跟读模仿。	
	7. Read and match 引导学生扮演 Zoom，借助句型支架，读图选词。	【活动 3】Read and match
	8. Let's guess 引导学生猜测 Zip 包里有什么。 Q: What's in Zip's bag? Can you guess?	
	9. Watch and check 播放 Let's chant 视频，学生观看视频得出答案，理解内容并校对。	
	10. Let's chant 带领学生跟着教材视频说一说。板书“Me too!”，引导学生理解其含义。	
	11. Look and say 引导学生扮演 Zip，在图片提示下描述拥有的文具。	【活动 4】Look and say
Production	12. Let's play 阅读 Mike 和 Zoom 互相介绍文具的图文。同桌对话，交流各自拥有的文具。 Q1: What do they say? Q2: What do you have?	【活动 5】Let's play
	13. Look, read and match 出示凌乱的讲台图片，引导学生分类整理。	【活动 6】Look, read and match
	14. Good to know 出示两张桌面的对比图，结合上一个活动，让学生在体验中感悟应爱惜文具、保持文具整洁。	
Homework	1. Listen and read the textbook page 5. 2. Talk about the school things in your bag in English.	

（温州市籀园小学　李卓然）

Unit 1 Hello!

A Let's learn

I can get ________ ★ □ Great! □ Good! □ Try hard!

1 Watch and tick

评价标准	完成情况
勾选正确	★★★

2 Listen and choose

Zoom and zip are talking. What do they say?

A I have a ruler.

B I have a pencil box.

C I have an eraser.

D I have a pencil.

评价标准	完成情况
选择正确	★★★

3 Read and match

Haha!

Look, I have a ________.

I have a ________.

I have a ________.

I have an ________.

- pencil
- ruler
- eraser
- crayon

评价标准	完成情况
连线正确	★★★

4 Look and say

What's in Zip's bag?

Haha!

Look, I have ________. 

I have ________. 

I ________. 

________. 

评价标准	完成情况
内容准确	★★★
语法规范	★★★
结构完整	★★★
发音清晰流利	★★★

5 Let's play

评价标准	完成情况
对话内容正确合理	★★★
对话语言准确、语法规范	★★★
对话发音清晰流利	★★★
对话结构完整（有问候、有问答）	★★★
回应及时、得体	★★★

6 Look, read and match

评价标准	完成情况
连线正确	★★★

Unit 1 Hello!

A Let's sing

教学材料分析

本课的教学内容分为两部分。第一部分是字母歌“ABC song”，通过歌曲呈现 26 个字母的读音及顺序。第二部分是 Let's find out，通过寻找图片中字母的活动，帮助学生辨认字母。本课通过这两个活动，使学生初步感知 26 个英语字母的顺序、读音和字形。

学生基础分析

学生在本单元 A 部分已经学习了目标词汇 ruler、eraser、crayon、pencil 及目标句型“Hi, I'm ...”，能够用英语介绍自己的名字。但绝大多数学生的英语语言积累和输出仍非常有限。在本课中，学生通过学习“ABC song”初步感知 26 个字母的音和形，为之后每个单元的 Letters and sounds 板块学习打下基础。

教学设计思路

本节课是字母歌曲教学课。通过听、说、认读、唱做等活动，帮助学生学唱字母歌，初步感知 26 个字母的顺序、读音和字形。

教学目标定位

1. 能按顺序说出 26 个字母。
2. 能吟唱字母歌。
3. 能在图片中找到隐藏的字母或类似字母的物体，初步感知 26 个字母的大小写形式。
4. 能初步认读生活中有意义的字母缩写，并了解其含义。

板书设计

教学过程

教学环节	教学活动	活动单链接
Warming up	**1. Watch and do** 观看视频，跟做字母操，激发学习兴趣。 T: Let's enjoy a video. You can try to follow it.	
Presentation & practice	**2. Say and do** 通过说一说、做一做，初步感知字母的形和音。 T: Let's do it together.	
	3. Act and say 扮演喜欢的字母和朋友打招呼，复现旧知“I'm ...”句型的同时，尝试带入新知，即字母发音。 T: Act out the letters, then say hello or hi to your friend.	
	4. Enjoy a song 听字母歌，完整感知 26 个字母的顺序和发音。 T: Let's enjoy the letter song.	
	5. Listen and repeat 跟读模仿字母发音。 T: Please listen carefully, then repeat these letters.	
	6. Learn to sing 学唱“ABC song”，先单句跟唱，教师板书呈现歌词，再完整演唱。 T: Let's learn the song line by line, then we sing it in full.	
	7. Sing it better 四人小组练习歌曲，引导学生关注字母发音准确、歌唱优美这两个方面。	
	8. Sing and assess 为同伴唱“ABC song”，并相互评价。	【活动 1】Sing and assess
	9. Let's find out 引导学生观察图片，在图中找出字母或像字母的物体，越多越好。	【活动 2】Let's find out
	10. Circle the letters 引导学生感知字母的形，初步区分字母大小写。根据活动 2 图片，圈出方框中对应的大小写字母。	【活动 3】Circle the letters
	11. Read, trace and choose 从字母 Aa 出发到达终点字母 Zz，引导学生思考形成的图片是什么。 Q: What is it?	【活动 4】Read, trace and choose
Production	**12. Match and read** 引导学生关注生活中的字母缩写和含义。 T: Please match and read.	【活动 5】Match and read
Homework	1. Sing *ABC song*. 2. Act out ABC dance.	

（舟山市岱山实验学校　刘慧）

Unit 1 Hello!

A Let's sing

I can get ________ ★　　□ Great! □ Good! □ Try hard!

1 Sing and assess

同伴相互唱字母歌，并评价。

ABC song

Aa Bb Cc Dd Ee Ff Gg,
Hh Ii Jj Kk Ll Mm Nn,
Oo Pp Qq, Rr Ss Tt,
Uu Vv Ww, Xx Yy Zz.

评价标准	完成情况
字母发音准确	★★★
歌唱优美	★★★

2 Let's find out

看图，找出字母或像字母的物体，越多越好。

I can find ________ letters.

评价标准	完成情况
1—5个字母	★
6—10个字母	★★
11—26个字母	★★★

3 Circle the letters

根据上图，在下方圈出相应的大小写字母。

Big letters

A B C D E F G
H I J K L M N
O P Q R S T
U V W X Y Z

Small letters

a b c d e f g
h i j k l m n
o p q r s t
u v w x y z

评价标准	完成情况
正确圈出大写字母	★★★
正确圈出小写字母	★★★

4 Read, trace and choose

读字母，从字母 Aa 出发按顺序连到字母 Zz，想一想，这是什么？

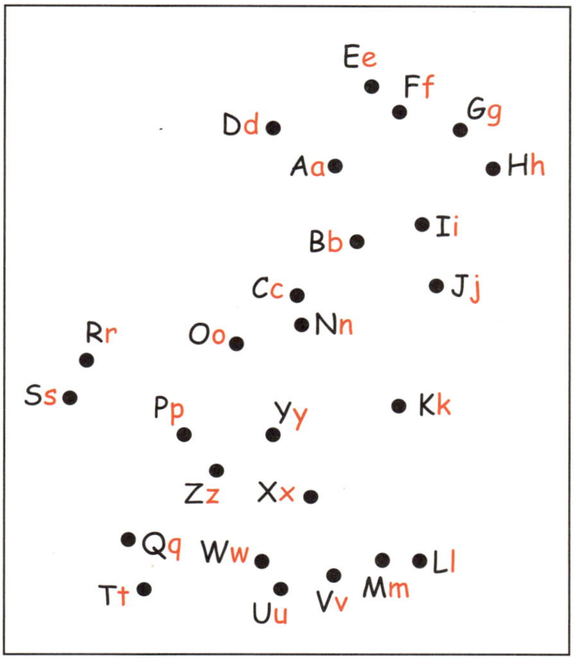

What is it?

It's a ________.

A. dog 

B. cat 

评价标准	完成情况
字母顺序正确	★★★
图片形状美观	★★★
选择正确	★★★

5 Match and read

连一连，并读一读生活中的字母缩写。

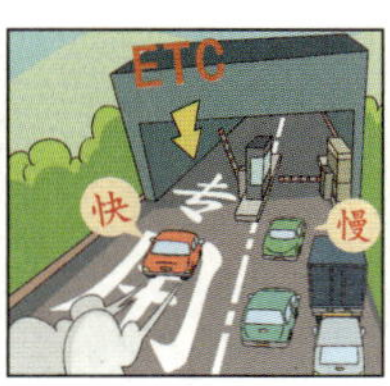

CCTV

CCTV　　P　　ETC　　ATM

评价标准	完成情况
连线正确	★★★
朗读正确	★★★

Unit 1 Hello!

B Let's talk

教学材料分析

本课是本单元的第四课时，在 A 部分学习自我介绍的基础上，本课通过 Mike 和 John 第一次见面时相互询问姓名及与 Miss White 告别的情境，呈现核心句型 “What's your name?” “My name's ...” 和道别语 “Goodbye/Bye!” 。

学生基础分析

三年级学生活泼好动，乐于模仿，虽然初学英语，但是学习兴趣浓厚。在 A 部分的学习基础上，学生已经能进行简单的英语问候及交流。

本课教学中，通过真实情境和多样教学活动来突破“What's your name?”“My name's ...”的重难点，让学生习得新知。

对 “Bye” 和 “Goodbye” ，学生已有一定的生活认知基础，因此可以渗透在每一节课的下课用语中，让学生在语境中理解并运用。

教学设计思路

本课是一节以听、说、演为主的对话课。在复习 A 部分句型的基础上，适当拓展新的语言，帮助学生完成对 “What's your name?” “My name's ...” 的语言习得。在课堂教学过程中，教师通过组织学生开展单个说句、二人对话、小组合作、话题延伸交流等活动，在 in the classroom 的情境中，引导学生对目标语言进行学习。

教学目标定位

1. 能听懂、会说句型 “Hello, I'm ...” “What's your name?” “My name's ...” “Goodbye/Bye!” ，并能用正确的语音语调朗读、表演对话。
2. 能在真实语境中运用 “What's your name?” ，并能用 “My name's ...” 作答。
3. 愿意主动与他人进行交流，得体地询问他人姓名并大方地介绍自己。

板书设计

教学过程

教学环节	教学活动	活动单链接
Warming up	**1. Enjoy a song** 欣赏改编版歌曲“Hello!”。	
Presentation & practice	**2. Say and act** Pencil: Hello, ______. Ruler: Hi, ______. Eraser: Bye, ______. Crayon: ____, ______.	
	3. Say and act 复习 A 部分 Let's talk 对话。 教学“I'm ... = My name's ...”。 学生替换文本进行表演。	
	4. Listen and tick 听 Let's talk 录音，勾选对话人物。	【活动 1】Listen and tick
	5. Listen and choose 再次听 Let's talk 录音，选择对应的选项补全对话。	【活动 2】Listen and choose
	6. Watch and imitate 观看教材视频并跟读模仿。	
	7. Role-play 三人合作进行角色扮演，表演对话。	
Production	**8. Role-play** 看图进行角色扮演。	
	9. Peer reading 两人小组开展活动，一人分饰 Chen Jie、John 等人物进行对话朗读，另一人认真倾听后完成评价并提出改进建议，随后两人互换任务。	
	10. Listen and number 借助 C 部分 Let's check 练习，复习 A、B 部分的语言知识。	【活动 3】Listen and number
	11. Read and act 再读文本，进行角色扮演。	
	12. Meet our friends 呈现单元主情景图，引导学生读图，编演对话。	【活动 4】Meet our friends
	13. Meet your friends 与班级同学进行自由交流，运用真实姓名互相问答。	【活动 5】Meet your friends
Homework	1. Listen and read the textbook page 7. 2. Make a new dialogue with your classmates.	

（嘉兴经开实验学校　杨敏雅）

Unit 1 Hello!

B Let's talk

I can get ________ ☆　　□ Great! □ Good! □ Try hard!

1 Listen and tick

Who are they?

A. Wu Binbin　B. Mike　C. Sarah　D. John

评价标准	完成情况
勾选正确	☆☆☆

2 Listen and choose

A. What's your name?
B. My name's Mike.
C. Hello, Miss White.
D. Bye, Miss White.

评价标准	完成情况
选择正确	☆☆☆

3 Listen and number

评价标准	完成情况
排序正确	☆☆☆

4 Meet our friends

评价标准	完成情况
问答正确能达意	★★★
表达流利有情感	★★★
语言丰富有创新	★★★

5 Meet your friends

交到一位新朋友就可以涂上一颗☆哦！

I have ☆☆☆☆☆☆

评价标准	完成情况
问答正确能达意	★★★
表达流利有情感	★★★
语言丰富有创新	★★★

Unit 1 Hello!

B Let's learn

教学材料分析

本单元话题是“与新朋友打招呼”和“文具”。A 部分，引导学生用“Hello/Hi! I'm ...”“I have a/an ...”打招呼并介绍自己。B 部分，引导学生用“What's your name?”“My name is ...”询问他人姓名并回答，以及用“Goodbye/Bye.”道别。本课时在 A 部分 Let's learn 学习的四个文具单词的基础上，进一步学习“文具”，教学内容包括 Let's learn 和 Let's do 两部分。Let's learn 部分以教材人物 Zoom 为线索，通过他在上学途中书包里掉出文具这一情境来呈现目标词汇 bag、pen、pencil box、book。Let's do 部分以“说一说、做一做”的活动形式来巩固本课文具词汇，同时培养学生爱惜文具、整理书包的好习惯。

学生基础分析

三年级学生活泼好动，对英语有着浓厚的兴趣和探索欲望，教师要充分激发并保持学生学习英语的兴趣。因此，在课堂教学中要创设丰富的情境，设计形式多样的趣味活动。学生在 A 部分词汇课中已经学习了 pencil、ruler、eraser、crayon，并能在情境中表述拥有的文具。

教学设计思路

本课是一节词汇课，基于教材研读，教师将主题意义提炼为“Keep school things tidy!”，创设了 Zoom 在上学路上掉文具和在学校听山羊老师上课的情境。热身环节，通过歌曲初步感知“文具”主题；学习理解环节，通过 Zoom 上学途中掉文具的情境整体呈现文具词汇，探究主题意义；实践应用环节，引导学生在意义探究中学习文具词汇，讨论 Zoom 有无整理书包、合理放置文具的习惯，通过帮助 Zoom 整理书包、听口令做动作等活动，进一步深入理解主题。

教学目标定位

1. 能通过看、听、说、认读等活动，掌握 bag、book、pen、pencil box 等文具类词汇的音、义、形。
2. 能在情境中感知理解 carry、show、open、close 等指令性动词，能听懂并按指令做出相应的动作。
3. 能模仿课文音频、视频，扮演角色，灵活运用文具词汇进行交流表达。
4. 通过对“文具”这一话题的学习，养成及时整理、合理放置文具的习惯。

板书设计

教学过程

教学环节	教学活动	活动单链接
Warming up	**1. Watch and tick** 观看课外歌曲“School things song”视频，勾选歌曲中出现的文具。 Q: What school things are in the song?	【活动 1】Watch and tick
Presentation & practice	**2. Let's guess** 出示教材主图，引出情境Zoom's way to school并提问，引导学生猜测 Zoom 的书包里有什么。 Q: What's in Zoom's bag?	
	3. Listen and tick 引导学生听自编对话录音，勾选 Zoom 的文具。板书呈现词汇 bag、book、pen、pencil box。 Q: What school things are Zoom and Snail talking about?	【活动 2】Listen and tick
	4. Listen and repeat 跟读模仿教材录音。	
	5. Pair work 同桌合作扮演 Zoom 和 Snail 进行对话。	
	6. Think and discuss 引导学生讨论“What do you think of Zoom?”，发现 Zoom 的粗心，无整理书包、合理放置文具的习惯。	
	7. Read and circle 引导学生读一读 Zoom 的话，圈出书包里掉出的文具，渗透整理书包、合理放置文具的良好习惯。	【活动 3】Read and circle
	8. Make a chant 同桌两人扮演 Zip 和 Rabbit，看图互相介绍文具，创编歌谣。	【活动 4】Make a chant
	9. Watch and do 跟着教材视频说一说、做一做动作。	
Production	**10. Read and choose** 学生看图，选择相应的指令。	【活动 5】Read and choose
	11. Group work 四人小组合作，一人发指令，其余三人做动作，在 Let's do 基础上灵活创编指令。	
Homework	1. Listen and read the textbook page 8. 2. Chant and do with friends. 3. Introduce your school things to friends.	

（湖州市新风实验小学教育集团　刘茗芳）

Unit 1 Hello!

B Let's learn

I can get ________ ☆   □ Great! □ Good! □ Try hard!

1 Watch and tick

What school things are in the song?

□ ruler

□ crayon

□ pencil

□ eraser

□ bag

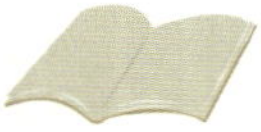
□ book

□ pen

□ pencil box

评价标准	完成情况
勾选正确	☆☆☆

2 Listen and tick

What school things are Zoom and Snail talking about?

□ pencil □ pen □ eraser □ pencil box

□ ruler □ bag □ crayon □ book

评价标准	完成情况
勾选正确	☆☆☆

3 Read and circle

What's in my bag? Let me see, a pencil box, a pen, a pencil, a ruler, a crayon, a book and an eraser.

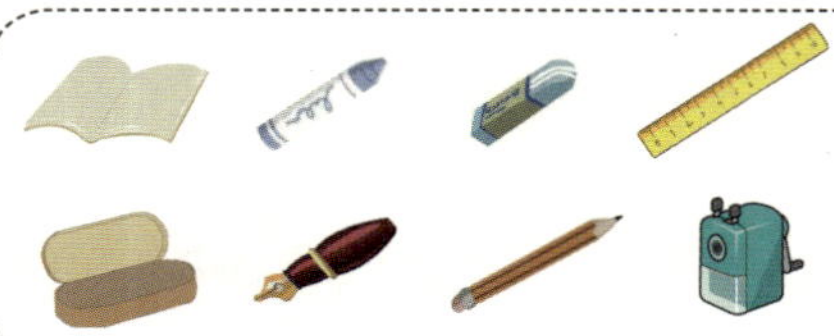

评价标准	完成情况
圈选正确	☆☆☆

4 Make a chant

— I have a/an ...

— Me too!/No, no, no ...

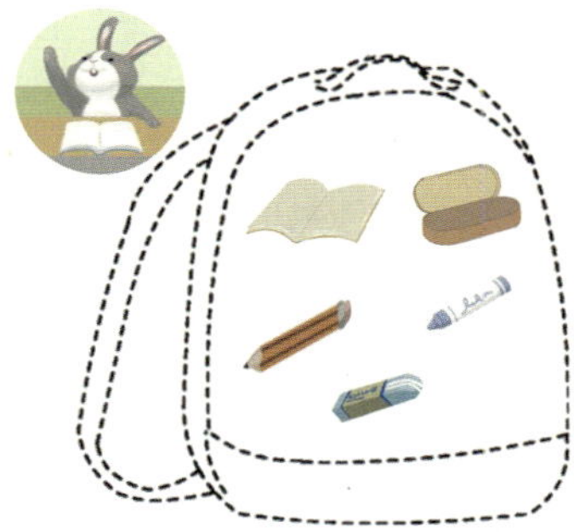

评价标准	完成情况
单词发音准确	★★★
创编用词正确	★★★
唱诵节奏优美	★★★

5 Read and choose

☐ ☐ ☐ ☐

A. Carry your bag. B. Open your pencil box.

C. Open your book. D. Show me your pen.

E. Close your book. F. Close your pencil box.

评价标准	完成情况
选择正确	★★★

Unit 1 Hello!

B Start to read

教学材料分析

本单元的教学内容是文具及问候语。A 部分，在课堂问候和谈论文具的情境中，教学目标词汇 ruler、pencil、eraser、crayon 及目标句型“Hi/Hello!”“I'm ...”“I have a/an ...”，帮助学生学会介绍自己的姓名及拥有的文具。B 部分，在互相询问姓名及 Zoom 上学途中散落文具的情境中，教学目标词汇 bag、pen、pencil box、book 及目标句型“What's your name?”“My name's ...”“Goodbye/Bye.”，帮助学生学会询问、回答姓名，与他人告别，引导学生养成礼貌问候及爱护文具的好习惯。同时，在学唱歌曲等活动中，让学生初步认读 26 个字母的大小写形式。

学生基础分析

本单元是小学英语学习的第一单元，学生学习英语的兴趣较为浓厚，乐于参与课堂活动。通过本单元的学习，学生能运用目标句型“What's your name?”“My name is ...”“Hello/Hi!”“Goodbye!”等进行简单的问候，能认读文具类词汇并运用“I have ...”句型介绍拥有的文具。然而，学生毕竟才初识英语，对本单元相关句型、文具类词汇的综合运用以及对 26 个字母的认读与辨析尚有困难，需要教师在本课中进一步加以引导。

教学设计思路

本节课作为小学阶段第一节读写启蒙课，内容涉及 26 个字母、文具类词汇及相应句型。导入环节，通过唱创编歌曲“Hello!”等活动，复习问候、介绍姓名等内容，随后借助唱字母歌和字母游戏等活动，有趣味地复习字母的发音和大小写形式。呈现环节，通过圈字母、数单词等活动，进一步巩固学生对单词和字母的认读与辨析。巩固环节，以阅读文本后选择 Zip 的书包为例，综合运用核心语言，最后引导学生融合所学词汇及句型进行综合语言运用，描述自己的书包。在此过程中，让学生感知英语学习的乐趣，乐于参与学习活动。

教学目标定位

1. 能准确朗读 26 个字母，并能正确排序及辨析字母大小写。
2. 能在语篇中听、说、认读文具类词汇 pen、pencil、pencil box、eraser、ruler、crayon、book、bag 等，并能用重点句型“Look, I have a/an ...”介绍拥有的文具。
3. 能熟练运用“Hello/Hi!”“What's your name?”“My name is ...”等句子进行问候交流。
4. 对英语学习有兴趣，乐于参与学习活动。

板书设计

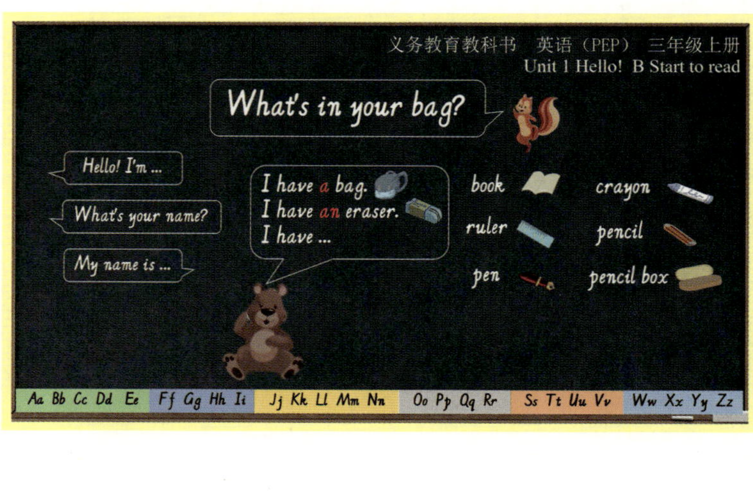

教学过程

教学环节	教学活动	活动单链接
Warming up	**1. Sing a song** 跟唱单元歌曲“Hello!”。运用学生姓名改编歌曲，同时复习问候语及“What's your name?” “My name is ...”等核心句型。	
	2. Listen and number 先读图预测，复习旧知，再听 C 部分 Let's check 录音，根据录音给图片标序号。	【活动 1】Listen and number
	3. Sing and play 唱单元歌曲“ABC song”，复习 26 个字母的发音。利用教材第 6 页插图做游戏：看到大写字母拍拍手，看到小写字母跺跺脚。	
	4. Read and order 根据字母表顺序，给字母组合排序。	【活动 2】Read and order
Presentation	**5. Circle the same letters** 引导学生读一读、找一找，圈出相同的字母。	【活动 3】Circle the same letters
	6. Let's do 有节奏地吟唱教材第 8 页 Let's do 部分，复习文具类词汇。	
	7. Read and match 引导学生观察 Zoom 书包里的文具图片，根据图片说单词并与相应单词配对。 Q: What's in your bag, Zoom?	【活动 4】Read and match
	8. Read and count 用不同的符号标记出相同的单词，数出不同字体文具单词的数量，初步渗透阅读策略。	【活动 5】Read and count
Consolidation	**9. Read and choose** 出示教材第 5 页情景图。根据图中 Zoom 与 Zip 的对话场景，阅读创编的文本，圈画关键信息，选出 Zip 的书包。	【活动 6】Read and choose
	10. Think and say 学生描述自己书包中的文具，在真实场景中运用目标句型“I have a/an ...”及相关词汇，综合运用核心语言。	
Homework	1. Talk about your bag with your partner. 2. Hunt the letters in life.	

（建德市明珠小学　饶燕南）

Unit 1 Hello!

B Start to read

I can get ________ ☆　　□ Great! □ Good! □ Try hard!

1 Listen and number

听录音，根据图意给图片标序号。

评价标准	完成情况
排序正确	★★★

2 Read and order

根据 26 个字母的顺序，给下列字母组合排序。

评价标准	完成情况
排序正确	★★★

(1) Ee Ff Gg Hh Ii　　(2) Aa Bb Cc Dd

(3) Ww Xx Yy Zz　　(4) Oo Pp Qq Rr

(5) Jj Kk Ll Mm Nn　　(6) Ss Tt Uu Vv

_____ → _____ → _____ → _____ → _____ → _____

3 Circle the same letters

读一读，圈出每组中相同的字母。

评价标准	完成情况
圈选正确	★★★

(1) a c a o e a　　(2) b d p b a g

(3) h i f t s f　　(4) m n u v m w

(5) H N A H Z H　　(6) Q D O Q C P

(7) J I T L Y J　　(8) U V W M X W

4 Read and match

看图片，找到对应的单词，连一连。

crayon　book　pencil　eraser　pen　ruler

评价标准	完成情况
连线正确	★★★

5 Read and count

读单词，用不同符号标记出相同的单词，写下单词的数量。

评价标准	完成情况
数量填写正确	★★★
运用不同符号	★★★

6 Read and choose

读一读，圈画关键信息，选出 Zip 的书包。

Hi, Zip! What's in your bag?

I have a pencil box. I have a pen. I have a crayon. I have a ruler. And I have an eraser, too. ☐

Hi! I'm Zip. I have a new bag, too!

评价标准	完成情况
圈画出关键信息	★★★
选择正确	★★★

Unit 1 Hello!

C Story time

教学材料分析

本单元围绕“Greetings”这一话题展开，主要学习如何做自我介绍和询问他人姓名，如何表达学校、生活中常用的文具，以及简单的日常学校活动。本课是本单元第六课时，是一节故事欣赏课。通过学习句型“Hello, I am ...”“What's your name?”“Let's play! OK?”“Great!”，学会用英语交朋友。

学生基础分析

本课教学对象为小学三年级学生。他们刚开始接触英语，对英语听说兴趣浓厚。但由于本单元是起始单元，学生还不能完全听懂教师的教学用语。在语言知识方面，学生掌握了一些文具类词汇和有关自我介绍及询问他人姓名的表达。本课是本单元第六课时，学生在前五课时中已经学习并初步掌握了本单元的核心句型及词汇，因此本课的重点在于培养学生的阅读能力和阅读技巧，以及读故事、讲故事、表演故事的能力。

教学设计思路

本课时通过 Zoom 和 Zip 在公园初次见面的故事场景，重现了本单元的重点句型，目的是通过有意义的情境，扩大学生的语言输入并帮助学生逐步适应文本的阅读。

在学习“Story time”相关内容时，教师组织学生开展单个说句、二人对话、表演、小组合作、复述、话题延伸交流等活动，并采用学生自评、互评和教师评价相结合的多元评价方式。

教学目标定位

1. 能在教师和图片的帮助下，认识 Zoom 和 Zip 两位新朋友，理解故事大意。
2. 能理解故事情节并运用句型“I'm ...”介绍自己，用“What's your name?”询问别人的名字，并用“My name is ...”回答。
3. 能用正确的语音语调朗读故事，并在教师的帮助下表演故事。
4. 能体会 Zoom 和 Zip 初次见面的情感变化，并能复述故事。

板书设计

教学过程

教学环节	教学活动	活动单链接
Warming up	**1. Enjoy a song** 欣赏单元歌曲 “Hello!” 。	
	2. Let's make a new song 唱一唱新编的歌曲，用 Zoom/Zip/Tutu 替换歌曲人物。	
	3. Let's play 游戏：大声喊出被吃桃子上的词汇，复习本单元学习用品等核心词汇。	
Presentation & practice	**4. Lead in the story** 读图获取信息，引出故事的人物及地点。 Q1: Who do you see? Q2: Where are they?	
	5. Listen and circle 听故事对话，初步理解对话大意。在情境中整体感知、获取信息。 Q: Who's there?	【活动 1】Listen and circle
	6. Watch and check 看故事视频，进一步理解对话信息，自查选项是否正确。	
	7. Listen and order 听对话，深入理解对话信息，给故事句子排序。	【活动 2】Listen and order
	8. Watch and repeat 通过跟读，操练文本。 (1) Watch and enjoy (2) Listen and repeat (3) Read by yourselves (4) Role reading	
	9. Show time 两人小组开展活动，一人分饰 Zoom 和 Zip 进行角色扮演展示，另一人认真倾听后完成评价并提出改进建议，随后两人互换任务。	【活动 3】Show time
Production	**10. Read, choose and retell** 根据提示，以 Zoom 的视角复述故事。	【活动 4】Read, choose and retell
	11. Make a new dialogue 根据提示，完成对话并演一演。	【活动 5】Make a new dialogue
Homework	1. Listen and read the textbook page 11. 2. Play the guessing game with your friends.	

（嘉兴经开实验学校　李莉）

Unit 1 Hello!

C Story time

I can get ________ ★　　□ Great!　□ Good!　□ Try hard!

1 Listen and circle

听录音，圈出正确的选项。

评价标准	完成情况
圈选正确	★★★

Who's there?

A. 

B. 

C. 

2 Listen and order

听录音，给下面的句子排序。

评价标准	完成情况
排序正确	★★★

( ) Haha! I'm Zip!　　( ) Hello!

( ) Hi! Who's there?　　( ) Great!

( ) Are you Tutu?　　( ) Let's play! OK?

3 Show time

操作要点　两人小组开展活动，一人分饰 Zoom 和 Zip 进行角色扮演展示，另一人认真倾听后完成评价并提出改进建议，随后两人互换任务。

评价标准	完成情况
语音语调正确	★★★
语句表达流利	★★★
表情动作丰富	★★★

4 Read, choose and retell

以 Zoom 的视角复述故事。

评价标准	完成情况
选择正确	★★★
表达生动	★★★

Hello, I'm Zoom.
Today I'm in the ____.
I meet a new friend.
She is ____.
We ____ together.
We are so ____.

A. play B. happy
C. park D. Zip

5 Make a new dialogue

根据提示，完成对话并演一演。

评价标准	完成情况
语句正确能达意	★★★
表达流利有情感	★★★
语言丰富有创新	★★★

A: Hi/Hello. (发出跟平时不一样的声音)
B: Hi. Who's there?
A: Guess.
B: Are you ________?
A: Yes/No. I'm/My name's ...
B: Haha! I'm ...
A: Let's play together, OK?
B: Good/Great/Nice!
...

Unit 2 Colours

A Let's talk

教学材料分析

本单元主题是“颜色”和“问候”。A、B 两部分的 Let's talk 板块围绕“问候”展开，主要以介绍他人相互认识为线索，同时引入日常问候用语。本课为本单元第一课时，教材对话主要以 Miss White 介绍同事相互认识并打招呼为情境，呈现核心句型“Good morning.”和“This is ...”。通过学习两位新老师的称呼，让学生了解 Mr 和 Miss 的区别并能正确使用。通过听、说、演、画等学习活动，帮助学生学会得体地介绍他人并有礼貌地相互问候。

学生基础分析

本课教学内容为小学阶段英语学习的起始内容，学生的语言储备较少，只在第一单元学习了打招呼、说再见及做自我介绍的日常交际用语。通过第一单元的学习，学生认识了部分教材人物，并能模仿他们做自我介绍，为这个单元学习如何介绍他人打下了语言基础。

教学设计思路

本课是一节以听、说为主的对话课。教学设计基于教材，由学生已知的老师引出新老师并介绍他们相互认识。通过听、说、画、演等活动，一步步让学生巩固新知，并能综合运用对话，达到提高学生口头表达能力的目的。

教学目标定位

1. 能在实际生活交际中运用“Good morning”问好。
2. 能在情境中运用句型 “This is ...”介绍他人相互认识。
3. 能听、说、认读并正确使用 Mr 和 Miss。
4. 能有礼貌地问候并得体地介绍他人。

板书设计

教学过程

教学环节	教学活动	活动单链接
Warming up	**1. Play a game** 师生玩击鼓传花游戏。 T: Boys and girls, let's play a game. Look at me. My name is Sally. What is your name?（将球传给一名学生）	
	2. Sing a song 跟唱课外歌曲 "Good morning, Mr Rooster" 。	
Presentation & practice	**3. Look and guess** 由 Miss White 引出两位新老师。利用已知称呼 "Miss White"，引导学生自主感知 Miss 和 Mr 的区别。	
	4. Read and think 圈出 Mr 和 Miss，引导学生猜测，自主发现词义不同。	
	5. Listen and match 听教材录音，将两位新老师的姓氏与 Mr 和 Miss 进行匹配。 Q: Who are they?	【活动 1】Listen and match
	6. Look and think 通过绘制线段表示人物关系。引导学生观察、思考，理解这两位新老师互不相识。	
	7. Listen and choose 听全文音频，选择句子补全人物对话。 Q: Mr Jones and Miss Green are not friends, and they don't know each other, so Miss White comes and helps. What will she say? And what will Mr Jones and Miss Green say?	【活动 2】Listen and choose
	8. Watch and say 观看动画，思考并回答。 Q: What else will Miss White say?	
	9. Watch and repeat 播放动画，整体呈现对话情境。	
	10. Listen and imitate 跟读教材录音，模仿语音语调。	
	11. Peer reading 学生两人小组开展活动，一人分饰三个角色进行对话，另一人认真倾听后完成评价并提出改进建议，随后两人互换任务。	【活动 3】Peer reading
	12. Role-play 三人一组，分角色配音。	
	13. Look and say 用新学句型 "This is ..." 对教材中其他学生的画像进行操练。	
	14. Draw and say 教师出示自己的生活照与简笔画作为示范，引导学生画一画身边的老师，并用句型 "Good morning. Look, this is ..." 做分享介绍。	
Production	**15. Look, read and number** 读图，给句子排序。 Q: Sarah is at the park. What do they say?	【活动 4】Look, read and number
	16. Make a new dialogue 在新情境中，根据自身实际创编对话，滚动运用所学语言。	
Homework	1. Read the textbook page 14. 2. Share your picture with your parents.	

（温州华和外国语学校　潘心怡）

Unit 2 Colours

A Let's talk

I can get ________ ☆　　□ Great! □ Good! □ Try hard!

1 Listen and match

Who are they?

Mr __?__

Miss __?__

Green　　Jones

评价标准	完成情况
连线正确	☆☆☆

2 Listen and choose

A. Good morning
B. this is Miss Green
C. Miss Green

评价标准	完成情况
选择正确	☆☆☆

3 Peer reading

操作要点　两人小组开展活动，一人分饰 Miss White、Mr Jones、Miss Green 进行对话，另一人认真倾听后完成评价并提出改进建议，随后两人互换任务。

评价标准	完成情况
语言朗读正确	☆☆☆
语言朗读流利	☆☆☆
语音语调正确	☆☆☆

4 Look, read and number

Sarah is at the park. What do they say?

(1) Hello, Sarah.
(   ) Good morning, Mr Jones.
(3) Dad, this is Mr Jones.
(   ) Good morning.
(   ) Hello, Mr Jones.
(   ) Mr Jones, this is my dad.
(7) Nice to meet you.

评价标准	完成情况
语句排序正确	★★★
朗读流利连贯	★★★

Unit 2 Colours

A Let's learn

教学材料分析	本单元围绕主题“颜色”展开教学。A 部分，引导学生学习如何将朋友介绍给他人、早晨见面时使用的问候语和生活中常见的四种颜色。B 部分，引导学生学习第一次见面时使用的正式问候语、下午见面时使用的问候语和更多的颜色。本课时包括 Let's learn 和 Let's do 两部分。Let's learn 部分，借助 Sarah、Chen Jie 和 Wu Binbin 在公园里看到彩虹的情境，让学生学习目标词汇 red、yellow、green 和 blue，并运用核心句型“I see ...”表达看到的颜色。
学生基础分析	学生在 A 部分对话课中已经学习了“Good morning”“This is ...”。三年级学生刚接触英语，学习兴趣浓厚，参与课堂活动的积极性高，因此将颜色和公园的场景进行整合符合学生的英语能力和年龄特征。本节课的教学重点是四个颜色单词的音、义、形，要求学生能在语境中运用“I see ...”描述看到的颜色。对三年级学生来说，green 的发音是个难点。
教学设计思路	本节课是以词汇为主，兼顾核心句型的词汇课。通过听、说、读、画等活动，在 Colours in the park 情境中，引导学生对目标语言进行学习并不断加深对“Colours”这一主题的理解与体会。
教学目标定位	1. 能听、说、认读 red、green、blue、yellow，了解 pink、purple、orange。 2. 能在语境中理解句型“I see ...”并正确发音。 3. 能在情境中运用句型“I see ...”表达生活中所见到的不同颜色。 4. 能听懂指令语“Show me ...”并能做出相应的动作。 5. 能了解彩虹的颜色构成，关注生活中的色彩，感受生活中的美。
板书设计	

教学过程

教学环节	教学活动	活动单链接
Warming up	1. Enjoy a song 跟唱单元歌曲 "Hello!"。	
	2. Free talk 与学生互相问候并了解他们的姓名信息。 Hello, I'm ... What's your name? Good morning.	
Presentation & practice	3. Enjoy a song 出示彩虹图片，播放单元歌曲 "Colour song"。学生欣赏歌曲，了解歌词大意。 Look at the rainbow. It is colourful. Let's enjoy a song about it.	
	4. Look and say 依次呈现不同颜色的图片，利用直拼法帮助学生感知字母在单词中的发音。	
	5. Watch and choose 播放 Let's learn 动画，呈现 Sarah、Chen Jie 和 Wu Binbin 来到公园的情境。 Q: What do they see?	【活动 1】Watch and choose
	6. Watch again and choose 再次播放 Let's learn 动画，引导学生学习句型 "I see ..."。 Q: What colour do they see?	【活动 2】Watch again and choose
	7. Watch and learn 引导学生模仿视频发音，正确使用升调和降调。	
	8. Look and say 在原有情境中增加 Zoom 和 Zip，大家一起在公园看彩虹，教师指着图片问 "What colour do you see?"，引导学生说出 "I see red. I see blue. I see green. I see yellow."，要求每位学生说出已学的四种颜色，并鼓励学生说出更多的颜色。	【活动 3】Look and say
	9. Read and colour 准备一张未涂色的彩虹图，引导学生根据提示进行涂色。	【活动 4】Read and colour
	10. Let's do 播放 Let's do 动画，引导学生跟着节奏，用英语发指令 "Show me your ..."。	
	11. Let's chant 出示 Zoom 和 Zip 的图片，再依次呈现不同颜色的图片，引导学生扮演 Zoom 和 Zip，根据看到的颜色吟唱歌谣 "Blue, blue. I see blue."。	
Production	12. Read and colour 出示 Zoom 和 Zip 涂色的图片，引导学生根据短文内容给图片涂色。	【活动 5】Read and colour
	13. Make a new dialogue 呈现 Zoom 和 Zip 在公园里看到很多花的情境，引导学生创编一个新对话。	
Homework	1. Listen and repeat *Let's learn* & *Let's do* 5 times. 2. Try to draw a rainbow.	

（台州市路桥区实验小学　尚海红）

Unit 2 Colours

A Let's learn

I can get ________ ☆　　□ Great!　□ Good!　□ Try hard!

1 Watch and choose

What do they see?

A. flowers

B. a rainbow

评价标准	完成情况
选择正确	☆☆☆

2 Watch again and choose

What colour do they see?

A. Red, yellow and blue.

B. Red, yellow, green, blue, pink, purple and orange.

评价标准	完成情况
选择正确	☆☆☆

3 Look and say

操作要点　两人小组开展活动，说出看到的颜色，根据说出颜色的数量和准确性进行互评。

What colour do you see?

评价标准	完成情况
说出四种以上颜色	☆☆☆
语言准确	☆☆☆
表达流畅	☆☆☆

4 Read and colour

操作要点 利用自备的蜡笔或水彩笔，根据提示给图片涂色。

评价标准	完成情况
颜色填涂正确	★★★
颜色填涂美观	★★★

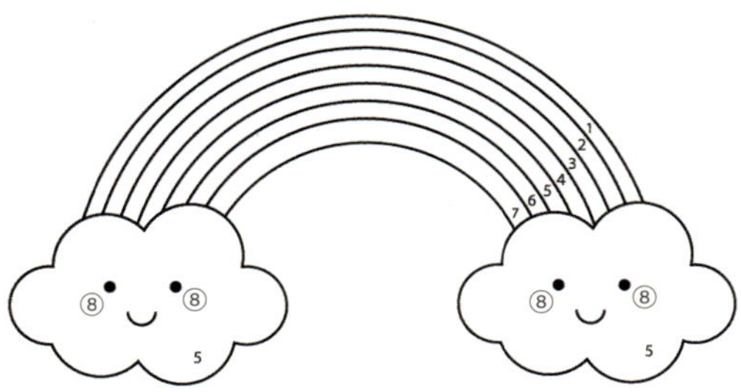

1-red
2-orange
3-yellow
4-green
5-blue
6-indigo
7-purple
8-pink

5 Read and colour

操作要点 阅读短文，涂上相应的颜色。

评价标准	完成情况
颜色填涂正确	★★★
颜色填涂美观	★★★

Zoom & Zip: Wow! A park. Let's paint!
Zip: Flowers! A red flower and a yellow flower.
Zoom: Wow! A blue bird is in a green tree.
Zip: I see "M". A green "M".
Zoom: What a nice park!

参考要点

★ paint(油漆；绘画), flower(花), tree(树), park(公园), bird(鸟)
★ pink(粉红色), orange(橙色；橘色), indigo(靛蓝), purple(紫色), nice(好看的)

Unit 2 Colours

A Letters and sounds

教学材料分析

本节课教学内容是三年级上册第二单元 Letters and sounds，要求学生能听、说、读、写字母 Aa、Bb、Cc、Dd，并在学习字母音和形的基础上，初步掌握四个字母作为单词首字母时的发音。本课教学内容分为三部分。第一部分“Listen, repeat and chant.”呈现字母 Aa—Dd 的音和形及其在单词中作为首字母时的发音规则；第二部分“Listen and circle.”要求学生通过听首字母的发音及单词的发音，圈出该单词的首字母，巩固字母音与形的对应关系；第三部分“Write and say.”让学生通过观看字母 Aa—Dd 的书写视频，学习这四个字母在四线格上的书写位置和笔顺，最终落实书写。

学生基础分析

在本课之前，学生已经初步掌握 26 个字母的字母名（Letter names），但是对于字母在单词中的发音（Letter sounds）还比较陌生，难以理解字母名和字母发音的区别。通过本课的听音、模仿、朗读、表演等活动，学生能掌握语音规则和正确书写字母。

教学设计思路

本课是一节以视听、唱演、读写为主的字母课。教学设计基于教材，首先通过做手指字母操导入，整体呈现 26 个字母，关注其音与形，复习已学字母。接着通过播放四个字母的发音音频，让学生在听、读中模仿字母的发音。然后通过观看视频，帮助学生正确归类首字母相同的单词，引导学生探究字母发音。随后，通过学写字母，并借助图片，引导学生在情境中正确书写字母。最终，通过学做身体字母操，巩固四个字母的音与形。

教学目标定位

1. 能正确听、说、读、写字母 Aa、Bb、Cc、Dd。
2. 能在语境中认读单词 apple、ant、book、bag、cat、crayon、duck、dog。
3. 能感知并归纳字母 Aa、Bb、Cc、Dd 作为单词首字母时的发音规则，并能根据发音规则初步拼读单词。
4. 能在图片辅助下，写出符合发音规则的单词首字母，并能朗读语篇。
5. 能跟随视频做字母操。

板书设计

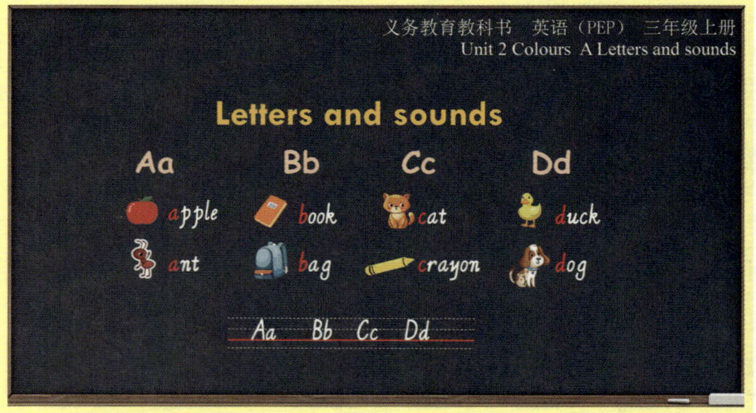

教学过程

教学环节	教学活动	活动单链接
Warming up	**1. Watch and do** 跟着视频做 26 个字母手指操。	
	2. Look and say Q: This is letter ______?	
Presentation & practice	**3. Listen and circle** 听录音，圈出听到的字母。	【活动 1】Listen and circle
	4. Listen and number 听录音，给字母排序。	【活动 2】Listen and number
	5. Try to read 尝试朗读字母。 Q: Can you read these letters?	
	6. Watch and repeat 跟读模仿教材录音。	
	7. Watch and chant 跟读模仿教材录音。	
	8. Read and choose 根据单词首字母，把单词正确分类。	【活动 3】Read and choose
	9. Watch and choose 观看教材字母发音视频，校对自己的分类是否正确。	
	10. Read and find 听单词朗读，总结字母的发音。 Q: What are the sounds of these letters?	
	11. Watch and repeat 观看教材字母发音视频，跟读。	
	12. Listen and circle 听教材录音，圈出正确的单词首字母。	【活动 4】Listen and circle
	13. Watch and write 观看书写视频，书写字母。	
	14. Look, match and write 为单词选择合适的首字母，连一连，并完成书写。	【活动 5】Look, match and write
Production	**15. Look and say** 看图，把小短文说完整。	
	16. Look, read and write 阅读小短文，完成单词首字母书写。	【活动 6】Look, read and write
	17. Watch and do 跟着视频做 ABCD 字母操。	
	18. Say and do 看着提示，四人小组做一做。	
Homework	1. Listen to the tape and review the textbook page 16. 2. Find letters A, B, C, D around you. 3. ABCD Show.	

（舟山市岱山实验学校　蒋苏苏）

Unit 2 Colours

A Letters and sounds

I can get ______ ☆　　□ Great! □ Good! □ Try hard!

1 Listen and circle

(1)

C B G
P A
O M D

(2)

b h v
q a d
c g

评价标准	完成情况
圈选正确	★★★

2 Listen and number

(1)

C B A D

( ) ( ) ( ) ( )

(2)

b a d c

( ) ( ) ( ) ( )

评价标准	完成情况
排序正确	★★★

3 Read and choose

Aa　Bb　Cc　Dd

① dog ② apple ③ duck ④ bag

⑤ ant ⑥ cat ⑦ book ⑧ crayon

评价标准	完成情况
选择正确	★★★

4 Listen and circle

b d

c d

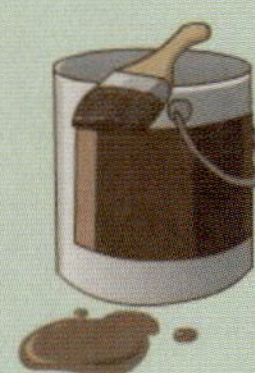
b c

c b

d b

评价标准	完成情况
圈选正确	★★★

5 Look, match and write

_og

_PPLE

_AG

_rayon

Aa Bb Cc Dd

_nt

_AT

_ook

_UCK

评价标准	完成情况
字母连线正确	★★★
字母书写正确	★★★
字母书写美观	★★★

6 Look, read and write

Hello! I'm Apple. I see a black _nt.

I see a yellow _uck. I see a blue _ook.

I see a red _rayon.

Hello! Hello! Hello! How are you?

评价标准	完成情况
字母书写准确	★★★
字母书写美观	★★★

Unit 2 Colours

B Let's talk

教学材料分析

本单元教学围绕“颜色”和“问候”展开。A 部分，借助情境 Meet new teacher 引出日常问候用语，让学生学习生活中常见的四种颜色。B 部分，通过 Wu Binbin 到 Mike 家做客的情境，让学生围绕 Meet new friend 展开交际活动，从而学习第一次见面时使用的问候语、下午见面时使用的问候语和更多的颜色词汇。本课是 B 部分对话课，在 Wu Binbin 到 Mike 家做客的情境中，通过听、说、看、读等活动推进教学，帮助学生学习核心句型“Good afternoon.” “Nice to meet you.” “Nice to meet you, too.” 。通过本节课的学习，培养学生文明交际的好习惯。

学生基础分析

学生尚处于小学英语学习的起始阶段。在该阶段，学生的语言储备还非常少，在之前的学习中仅接触了部分最基本的日常交际用语。通过第一单元的学习，学生已基本掌握句子“Hello/Hi!” “What's your name?” “My name is ...” “I'm ...” “Goodbye/Bye!”，并能用来进行交际活动。通过学习本单元 A 部分 Let's talk，学生已基本掌握句子“Good morning.” “This is ...”并能将其用于交际。这些都为本课的对话学习做了良好的铺垫。

教学设计思路

本节课是以听、说为主的对话课。在给家人介绍自己朋友的语境中，通过听、说、看、读等活动推进教学，并通过角色扮演等形式对目标语言进行操练。通过创编对话的形式，将目标语言进行迁移运用，在巩固目标语言的同时实现个性化输出。同时，不断加深对日常问候用语的理解与体会。

教学目标定位

1. 能理解 Mike 把新朋友介绍给妈妈的对话大意，理解“Good afternoon.” “Nice to meet you.” “Nice to meet you, too.”句型的含义并能正确发音。
2. 能按正确的语音语调，有感情地朗读对话或表演对话。
3. 能运用句型“Nice to meet you.” “Nice to meet you, too.”向初次见面的新朋友问好。
4. 能有礼貌地问候并得体地进行交际活动。

板书设计

教学过程

教学环节	教学活动	活动单链接
Warming up	**1. Sing a song** 播放第一单元歌曲“Hello!”，创设学习氛围，并复习之前所学的 Mike、John 等人物。	
	2. Look and say 出示组合图片，引导学生以 Mike 的身份用“Good morning.” “This is ...”介绍图中的老师和同学，进行复习铺垫。	
Presentation & practice	**3. Watch and tick** 播放 Let's talk 无字幕视频，引导学生猜测并勾选基本信息。 Q: Where are Mike and Wu Binbin? When is it? What do they say?	【活动 1】Watch and tick
	4. Listen and choose 播放 Let's talk 录音，引导学生选择人物使用的问候语，补全对话。	【活动 2】Listen and choose
	5. Good to know 渗透人们初次见面时，会使用“Nice to meet you.” “Nice to meet you, too.”相互问候的文化知识。	
	6. Watch and imitate 播放 Let's talk 视频，学生整体跟读对话，关注语音语调和情感。	
	7. Peer reading 同伴之间相互朗读，并给出评价。	【活动 3】Peer reading
	8. Role-play 同伴之间进行角色扮演。	
	9. Think and discuss 引导学生思考、归纳不同场景下使用的常用问候语。 Dad is coming home. Mike is introducing Wu Binbin to him. Q: What will they say?	
	10. Read and choose 呈现 Mike 的生活片段，补全对话。	【活动 4】Read and choose
Production	**11. Let's play** 出示教材 Let's play 部分，引导学生模仿并操练句型“This is ...” “Nice to meet you.”等。	
	12. Make a new dialogue 出示单元主情景图，小组讨论并创编新对话。	
Homework	1. Listen and repeat the dialogue. 2. Greet your classmates or teachers in different ways.	

（金华市东市街小学　彭悦湘）

Unit 2 Colours

B Let's talk

I can get ________ ★　　□ Great!　□ Good!　□ Try hard!

1 Watch and tick

(1) Where are Mike and Wu Binbin?

□ At school.

□ At Mike's home.

(2) What do they say?

□ Good morning.
□ Good afternoon.

□ Good morning.
□ Good afternoon.

评价标准	完成情况
勾选正确	★★★

2 Listen and choose

A. Nice to meet you.
B. Nice to meet you, too.
C. This is Wu Binbin.

评价标准	完成情况
选择正确	★★★

3 Peer reading

操作要点 两人小组开展活动，一人分饰 Wu Binbin、Mike 和 Mike's mum 进行对话朗读，另一人认真倾听后完成评价并提出改进建议，随后两人交换任务。

评价标准	完成情况
语音语调自然	★★★
连读、升调模仿正确	★★★
朗读有节奏、有感情	★★★

4 Read and choose

A. Dad, this is Wu Binbin. B. Good afternoon.
C. Good morning. D. Nice to meet you, too.
E. Goodbye. F. Nice to meet you.

评价标准	完成情况
选择正确	★★★

Unit 2 Colours

B Let's learn

教学材料分析

本单元围绕“颜色”展开教学。A 部分，借助情境 Look at the rainbow，教学目标词汇 red、yellow、green、blue、pink、purple 及目标句型“This is ... I see...”，引导学生听懂“Show me ...”这一指令。B 部分，借助情境 Let's paint，教学目标词汇 black、white、orange、brown 及目标句型“Colour it ...”，让学生学会如何提出要求及回应要求并给物体上色。同时，通过活动设计，引导学生养成合作意识。

学生基础分析

本单元的“颜色”相关内容是学生感兴趣且喜爱的。涂色活动的设计能让学生在“做中学”，符合初始阶段学生的学习心理，会增加他们的积极性。学生在 A 部分对话课中已经学习了“This is ...”“I see ...”“Show me ...”，对于目标句型的语义和语用功能已经有了初步感知，并将在语境中进一步感知理解、熟练运用以上句型进行询问及做出回答。

教学设计思路

本节课是以词汇为主，兼顾核心句型的词汇课。教师通过听、说、读、写、画等活动，在 Let's paint 情境中，引导学生对目标语言进行学习并不断加深对“Let's paint!”这一主题的理解与体会。

教学目标定位

1. 能在语境中听、说、认读单词 black、white、orange、brown 及句型“Colour it ...”。
2. 能正确使用上述单词及句型表达自己在涂色活动中的颜色选择。
3. 能在有意义的语境中理解目标语言并运用“Colour it ...”“OK.”与同伴交流相关话题。
4. 能听懂指令，按照指令完成 Let's do 部分的内容。
5. 能通过混色及涂色活动发现身边神奇的多彩世界。

板书设计

教学过程

教学环节	教学活动	活动单链接
Warming up	**1. Let's sing** 跟唱课外歌曲“I see colours everywhere!”。 Q: What colours do you see?	
	2. Let's say 根据图片提示说出颜色词汇。 Q: What colours do you see?	
	3. Look and say 先出示单个物品，让学生分别说出物品名称及颜色；再出示多个彩色物品，让学生进行描述。 Q1: What can you see? Q2: What colours is it/are they?	
Presentation & practice	**4. Watch and tick** 看绘本视频“Colourful eggs”，选出视频中出现的颜色。 Q: What colours do you see?	【活动 1】Watch and tick
	5. Watch and check 听录音，校对答案。	
	6. Look and say 出示教材主图并提问。引出情境“Let's paint!”并引导学生猜测人物对话内容。 Q: Who do you see? What are they talking about?	
	7. Look, learn and say 读图寻找颜色，跟读单词，巩固句型。 Q: What colour do you see? Colour it ______.	
	8. Let's play a game 观看 Let's do 视频，根据不同的颜色说出对应的短语，同时尝试完成与颜色相对应的动作。	
	9. Let's do magic 通过 PPT 动画，呈现混色魔法的一个例子：red+yellow+blue=?	
	10. Let's enjoy 观看课外视频，进一步了解颜色的变化，感受多彩的世界。	
	11. Let's mix 根据视频内容，尝试口头表达简单的混色结果：black+orange=?	
	12. Read and choose 学生根据视频及图片提示进行混色选择。完成后，教师鼓励学生进行口语表达并尝试自主混色，完成挑战题。	【活动 2】Read and choose
Production	**13. Look and say** 学生观察图片，根据 Wu Binbin 和 Mike 的对话内容，结合图片信息，同桌两人创编新对话。	
	14. Read and paint 延续教材对话中的情境，创设 Wu Binbin 和 Mike 再次一起上色的场景，但由于画面涂色不完整，需要学生完成留白部分的上色，使画面更完整更丰富。	【活动 3】Read and paint
	15. Check the answer 学生呈现一幅颜色更丰富的图画。	
Homework	1. Listen and repeat *Let's learn* & *Let's do* 3 times. 2. Try to paint with Wu Binbin.	

（嘉兴经开实验学校　杨扬）

Unit 2 Colours

B Let's learn

I can get ______ ★　　□ Great!　□ Good!　□ Try hard!

1 Watch and tick

评价标准	完成情况
勾选正确	★★★

What colours do you see?

□ red　□ yellow　□ pink　□ purple
□ orange　□ green　□ black　□ blue

2 Read and choose

评价标准	完成情况
选择正确	★★★
成功完成挑战	★★★

Let's mix the colours!

操作要点　根据图片提示，选择正确的颜色选项填在横线上，并尝试完成挑战题。

A. green　B. black　C. red　D. orange　E. white

(1) blue + yellow = ____

(2) pink = ____ + ____

(3) red + yellow = ____

(4) brown = ____ + ____

(5) red + blue + yellow = ____

挑战题

(6) ____ + ____ = ____

3 Read and paint

It's a nice picture.
Oh, I see something white.
Let's paint!
Colour y red.
Colour D blue and A orange.
Colour h green and n brown.
Colour the ruler yellow.

评价标准	完成情况
单词认读正确	★★★
涂色准确美观	★★★

Unit 2 Colours

B Start to read

教学材料分析

本单元的主题是“颜色”。教材中各幅情景图展示了初次见面和谈论颜色的场景，呈现了本单元要学习的核心词汇 red、yellow、green、blue、black、white、orange、brown 和句型“Good morning/afternoon.” “This is ...” “Nice to meet you.”等。本单元中，学生初次学习字母及其发音和书写，他们已学的单词不多，因此引入一些简单的相关生词，帮助学生体验字母在单词中的发音，如 ant、apple、dog、cat、duck 等。本课是阅读课，通过 Find and say 和 Read and tick 的活动，复习巩固本单元的字母和颜色类单词。通过阅读、认读等活动，培养学生的读图能力和获取相关信息的能力。

学生基础分析

本单元学习的主题与学生生活实际关联密切。学生在 A 部分和 B 部分中已经学习了颜色类单词，字母 Aa、Bb、Cc、Dd 及相关单词，也学会了初次见面时的问候语“Good morning/afternoon.” “This is ...” “Nice to meet you.”，对于主要字母、目标词汇和目标句型的语义和语用功能已经有了初步感知，并将在语境中进一步感知理解、熟练运用以上词汇和句型进行表述，在本节课中进行滚动、迁移和运用，从而构建新的语言知识。

教学设计思路

本节课以阅读为主，兼顾核心词汇和句型的复习。通过听、说、读、写等活动，在 The toy room、Enjoy the colours 等情境中，引导学生对目标语言进行复习巩固并不断加深对“Colours”这一主题的理解与体会。

教学目标定位

1. 能在语境的帮助下，运用句型“I see ...”描述所看到的字母、颜色等。
2. 能在图片和字母的帮助下，运用句型“... is for ...”说一说字母所代表的单词。
3. 能通过读图完成 Find and say 和 Read and tick 练习。
4. 能通过趣味性的活动，掌握字母的认读与正确书写以及核心词汇的认读，达成综合运用本单元所学内容的目标。
5. 能掌握认读小技巧和初步的阅读技能，逐步养成良好的阅读习惯。

板书设计

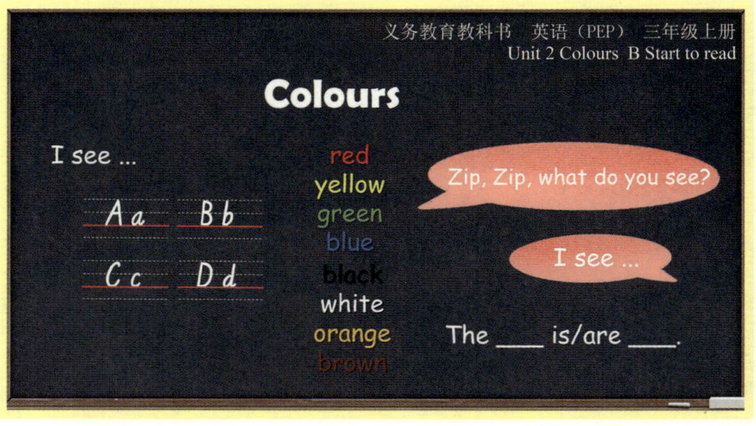

教学过程

教学环节	教学活动	活动单链接
Warming up	**1. Enjoy a song** 跟唱课外歌曲“A is for apple”。 Q: What's the song about?	
Presentation & practice	**2. Circle and say** 出示教材第 19 页主图并提问，引出情境“The toy room”。引导学生读图，圈出看见的字母并用“I see ...”和同伴说一说，比比谁说得多。 Q: Zip, Zip, what do you see?	【活动 1】Circle and say
	3. Look and tick 引导学生再读图片，勾选出图中包含的一列字母。	【活动 2】Look and tick
	4. Match and write 从图形字母过渡到真实的字母，将大小写字母配对，并按顺序写一写。	【活动 3】Match and write
	5. Let's chant Zip, Zip, what do you see? Aa, Aa, I see Aa ...	
	6. Watch, circle and say 教师再次播放歌曲视频，让学生圈出歌曲中含有字母 A、B、C、D 的单词。 Q: What's for A, B, C and D?	【活动 4】Watch, circle and say
	7. Let's say 引导学生两人一组，运用句型“I see ______. ______ is for ______.”说一说含有 A、B、C、D 的其他单词。	
	8. Look and say 课件显示从房间的窗户往外看，发现一排颜料桶，旁边有正在写生的小朋友。自然引出下一个情境“Enjoy the colours”。 — Zip, Zip, what else do you see? — I see ______.	
	9. Read, match and write 引导学生阅读图片信息，将颜色类单词的序号填入相应的颜料桶内，并在横线上将颜色单词补充完整。 Q: Can you match the correct colours and fill in the correct letters?	【活动 5】Read, match and write
Production	**10. Read and choose** 引导学生进入情境“Enjoy the colours”。学生阅读文本，根据图片提供的信息，选择相应的颜色选项，写在横线上。完成后，两人小组说一说，核对答案。 Q: Do you like the colourful picture? Can you choose the right colour and describe it?	【活动 6】Read and choose
Homework	1. Listen and repeat the song *A is for apple*. 2. Finish the workbook page 12. 3. Describe the colours of your stationary.	

（杭州市钱塘外语学校　郭彬彬）

Unit 2 Colours

B Start to read

I can get ________ ☆ □ Great! □ Good! □ Try hard!

1 Circle and say

操作要点 观察图片，圈出图中所含的字母。完成后，两人小组开展活动，分别用所提供的句型说一说，核对答案。

评价标准	完成情况
圈选正确	☆☆☆
识别并描述正确	☆☆☆
识别更多字母	☆☆☆

Pair work: — Zip, Zip, what do you see?

— I see ______.

2 Look and tick

操作要点 观察教材第19页图片，勾选出图中包含的一列字母。

评价标准	完成情况
勾选正确	☆☆☆

I see ...
□ c d a p D b
□ g b B G c A
□ A c D b d a

3 Match and write

操作要点 将大小写字母进行连线配对，并在四线格中按字母顺序书写以下四个字母的大小写形式。

评价标准	完成情况
连线正确	☆☆☆
书写正确	☆☆☆
书写美观	☆☆☆

A B C D

c d a b

4 Watch, circle and say

操作要点 看视频，圈出听到的单词。完成后，两人小组开展活动，分别用所提供的句型说一说，核对答案。

评价标准	完成情况
圈选正确	☆☆☆
描述正确	☆☆☆

A ant fan apple hand

B bag brown ball black

C cat cake crayon car

D dog desk duck dad

Let's say: I see _____. _____ is for _____.

5 Read, match and write

操作要点 读图，将颜色类单词的序号填入相应的油漆桶内，并在横线上补全单词。

评价标准	完成情况
配对正确	☆☆☆
书写正确	☆☆☆
书写美观	☆☆☆

① white ② green ③ yellow ④ orange

⑤ _lue ⑥ re_ ⑦ _l_ck ⑧ _rown

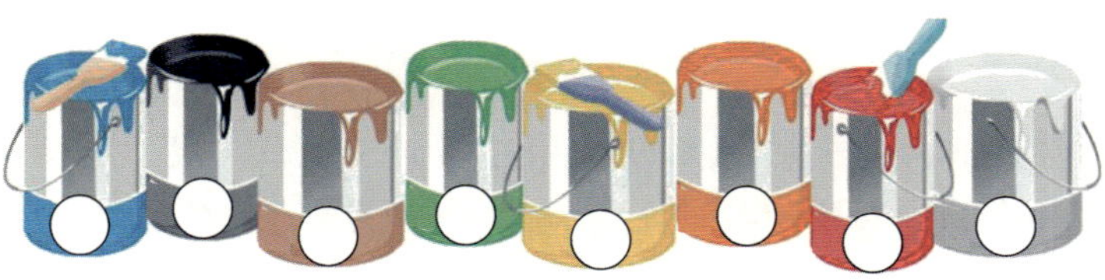

6 Read and choose

操作要点 选择相应的选项，并书写选项字母。完成后，同伴两人互相说一说，核对答案。

评价标准	完成情况
选择正确	☆☆☆
书写正确	☆☆☆
书写美观	☆☆☆

Look at my picture. It is a park.

The (sun) is _______.

The (pond) is _______.

We can see two ducks in it.

The ducks are _______.

The (clouds) are _______.

The (trees) are ____ and ____.

The (flowers) are ____.

It is nice. Do you like it?

A. green
B. blue
C. red
D. yellow
E. brown
F. white
G. orange
H. black

Unit 2 Colours

C Story time

教学材料分析

本单元教学围绕“Colours”展开。A 部分，引导学生学习问候语“Good morning!”及使用句型“This is ...”来介绍朋友，进行简单的交际。同时在观赏彩虹这一情境中，体验不同的颜色，并使用句型“I see ...” “Show me ...”巩固颜色单词。B 部分，借助 Mike 带 Wu Binbin 回家并介绍给妈妈认识的情境，引导学生巩固运用打招呼、问候及介绍等基本交际用语，并在 A 部分所学颜色的基础上，通过涂色的情境，运用“Colour it ...”句型学习更多颜色单词。本课教学内容是 C 部分 Story time，以 Zoom 和 Zip 在公园玩，Zoom 采摘花朵为故事语境，复习巩固本单元所学交际用语及重点词汇，让学生能够在整体故事语境中充分理解故事、体验故事，并渗透“爱花不摘花”的情感教育。

学生基础分析

通过第一、二单元的学习，学生已掌握并巩固了基本的打招呼、问候、介绍等交际用语，并能进行简单的日常交际。通过本单元的两个情境，学生积累了表述颜色的相关语言，为本课故事的学习做了铺垫。本课故事的语言点不多，重点是在情境中理解故事和体验角色情感，进而综合运用语言，明白“爱花不摘花”的道理。

教学设计思路

本节课是以听、说、读为主的故事课。教学设计基于教材，提炼主题为“爱花不摘花”（No picking）。教师以问题驱动，引导学生思考并大胆猜测，通过听、看、演等方式，推进学生对整个故事的理解。最后，鼓励学生运用所学目标语言，在真实的语境中创编新故事，提升语言运用能力和思维品质。

教学目标定位

1. 能在语境中理解新单词 flower 的意思，正确发音并描述颜色。
2. 能通过观看动画、观察图片来理解故事内容，复习巩固核心句型，在情境中理解并运用句型“How are you?” “I'm fine, thank you.” “No picking!”。
3. 能用正确的语音语调朗读故事，并借助图片表演故事。
4. 能借助故事中的角色，在公园场景中运用所学语言创编新故事。
5. 能树立爱护花草的意识，做到爱花不摘花。

板书设计

教学过程

教学环节	教学活动	活动单链接
Warming up	1. Let's sing 欣赏单元歌曲“Colour song”。	
	2. Watch and tick 再次欣赏歌曲并勾选歌曲中的颜色。 Q: What colours do you see in the song?	【活动 1】Watch and tick
	3. Look and say 呈现不同颜色的文具，引导学生用“I see a/an ...”来描述不同颜色的文具。	
Presentation & practice	4. Look and say 呈现故事第一幅图。 Q: Where is it?	
	5. Look and guess 引导学生再次仔细观察图片，并猜测。 Q1: When is it? Q2: What do they see?	
	6. Listen and choose 播放故事音频，引导学生听音选择。 Q1: When is it? Q2: What do they see?	【活动 2】Listen and choose
	7. Good to know 引导学生了解“How are you?”在日常交际中的用法。	
	8. Look and say 引导学生观察公园里花的颜色并说一说。 Q: What colour are the flowers?	
	9. Look and say 引导学生观察 Zoom 的表情与动作并回答问题。 Q: What is Zoom doing?	
	10. Listen and tick 再次播放故事音频，引导学生听音并勾选出 Zoom 摘了什么。 Q: What does Zoom pick?	【活动 3】Listen and tick
	11. Think and say 引导学生思考并回答 Zoom 的行为是否正确。 Q: Is it right?	
	12. Watch and find 播放故事视频，引导学生评判 Zoom 摘花的行为是否正确，并找出依据。	
	13. Listen and imitate 引导学生听音并模仿朗读。	
	14. Peer reading 两人一组合作开展同伴朗读，注意升降调和重读。	【活动 4】Peer reading
	15. Let's act	
Production	16. Look and say 呈现公园图片，引导学生观察并说一说公园里各种颜色的物品，总结出“It's a colourful park”。 Q: What's in the park?	
	17. Make a new story 引导学生扮演故事中的 Zoom 和 Zip，两人合作，发挥想象，创编新故事。	【活动 5】Make a new story
Homework	1. Read the story after the tape. 2. Act out your own story.	

（湖州市双林庆同小学　孟悦）

Unit 2 Colours

C Story time

I can get ________ ★　　□ Great! □ Good! □ Try hard!

1 Watch and tick

What colours do you see in the song?

评价标准	完成情况
勾选正确	★★★

□ red　　□ yellow

□ black　　□ pink

□ green　　□ grey

□ purple　　□ orange

□ blue　　□ white

2 Listen and choose

评价标准	完成情况
选择正确	★★★

(1) When is it?

A. In the morning.　　B. In the afternoon.

(2) What do they see?

A. 
flowers

B. 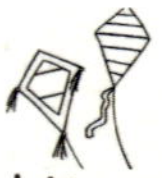
kites

3 Listen and tick

What does Zoom pick?

评价标准	完成情况
勾选正确	★★★

□ 

□ 

4 Peer reading

操作要点　两人一组开展同伴朗读，一人分饰 Zoom 和 Zip，朗读教材第 21 页的故事，另一人认真倾听后完成评价并提出改进建议，然后两人互换任务。

Good morning, Zoom.

Good morning, Zip. How are you?

Fine, thank you.

Wow! Flowers!
A red flower. A yellow flower. A blue flower...
Zip, look!

Zoom, look!

评价标准	完成情况
语音语调正确	★★★
朗读自然流畅	★★★
借助单词的重读表达情感	★★★
读出人物的角色个性、心情变化	★★★

5 Make a new story

评价标准	完成情况
语言表达、语音语调正确	★★★
表情动作自然、生动	★★★
内容丰富、有创新性	★★★

参考要点

★ kites, balloons, crayons, fish, ...
★ red, blue, yellow, orange, ...
★ I see ...
★ Danger! Be careful! ...

Unit 3 Look at me!

A Let's talk

教学材料分析

本单元的教学内容是表达问候和了解身体部位。A 部分，借助上学路上的情境，让学生学习目标句型“How are you?” “I'm fine, thank you.”以及用“Let's go to school!”提出建议。B 部分，借助去别人家做客的情境，让学生学习目标句型“How are you?” “Very well, thanks.”以及用“Let's make a puppet!”提出建议。本单元主要呈现目标词汇 ear、eye、nose、mouth、face、hand、head、body、leg、foot、arm，要求学生在学会问候他人、提出建议的同时，能够认识和表达自己的身体部位和五官。

学生基础分析

本单元对话部分的内容为互相问候和介绍。学生在第二单元 A 部分对话课中已经学习了早上（上午）的问候语“Good morning.”。本节课主要学习“How are you?” “I'm fine, thank you.”。在之前的教学过程中，学生已经多次学习“Let's ...”句型，为本节课中学习“Let's go to school!”打下了基础。学生对于目标句型的语义和语用功能已经有了初步感知，并将在语境中进一步感知理解、熟练运用以上句型进行询问及做出回答。

教学设计思路

本节课是以上学路上打招呼并互相问候为主要内容的对话课。通过听、说、读、写、看等活动，引导学生对目标语言进行学习并不断加深对如何相互问候的理解与体会。教学过程中，首先呈现小鸟和 Chen Jie 的画面，让学生通过听的任务了解课文中的人物是在早晨去上学的路上。随后呈现 Chen Jie 遇到了同行的伙伴 Mike，两人互相问候并前往学校，让学生在情境中感受新知，操练新知，拓展新知。

教学目标定位

1. 能听懂课文对话，理解“How are you?”及其回答“I'm fine./Fine, thank you.”，“Let's go to school!”及其回答“OK.”等。
2. 能用正确的语音语调进行模仿表演。
3. 能运用“How are you?” “I'm fine./Fine, thank you.” “Let's go to school!”等表述，结合真实情境进行对话交流。
4. 能初步养成问候他人的良好习惯。

板书设计

教学过程

教学环节	教学活动	活动单链接
Warming up	**1. Let's sing** 跟唱 Let's play 歌曲“How are you?”。	
Presentation & practice	**2. Look and say** Q: Who is coming? 呈现人物 Chen Jie 和小鸟。	
	3. Listen and choose Mike and Chen Jie are talking on the road. Q1: When are they talking? 引导学生听出对话的时间。 Q2: Where are they going? 引导学生听出人物前往的地点。	【活动 1】Listen and choose
	4. Listen and say Q1: Who is coming? 呈现人物 Mike。 Q2: What will Mike say? 通过听音引出目标句型“How are you?”。	
	5. Listen and choose 呈现 Chen Jie 的心情图，引导学生猜测她的回答。通过听录音，从所给选项中选出目标句型“I'm fine, thank you.”，并在情境中加入多人操练。	
	6. Listen and say Q: Where are they going? 通过听音引出目标句型“Let's go to school!”。 引导学生加入上学队伍，一起说一说“Go, go, go, let's go to school!”。	
	7. Watch and imitate 观看教材视频并模仿。	
	8. Peer reading 两人小组对照评价标准开展朗读和评价。	【活动 2】Peer reading
	9. Role-play 分角色表演。	
	10. Let's sing 再次跟唱 Let's play 歌曲“How are you?”。 借助教材图片，引导学生观察人物已经来到学校上音乐课的场景，一起唱一唱。再次跟唱时，可以替换原来的单词 fine，引导学生拓展其他合适的回答。	
Production	**11. Read and choose** 引导学生观察图片信息，结合所给句子进行配对。	【活动 3】Read and choose
	12. Make a new dialogue 同桌创编新对话并表演。	
Homework	1. Listen and repeat *Let's talk* 3 times. 2. Finish the workbook page 13. 3. Say “Good morning!” and “How are you?” to your teachers and classmates.	

（杭州市文一街小学　蔡灵映）

Unit 3 Look at me!

A Let's talk

I can get ________ ☆　　□ Great! □ Good! □ Try hard!

1 Listen and choose

Mike and Chen Jie are talking on the road.

(1) When are they talking?

A. 　B. 

(2) Where are they going?

A. 　B. 

评价标准	完成情况
选择正确	☆☆☆

2 Peer reading

操作要点　两人小组开展活动，一人分饰小鸟、Chen Jie、Mike 进行对话朗读，另一人认真倾听后完成评价并提出改进建议，随后两人互换任务。

评价标准	完成情况
根据语音语调正确朗读句子	☆☆☆
能结合情境有感情地朗读	☆☆☆

3 Read and choose

A. Good morning.
B. OK.
C. How are you?
D. Bye!

评价标准	完成情况
选择正确	☆☆☆

Unit 3 Look at me!

A Let's learn

教学材料分析	本单元学习的主要内容是五官及身体部位的相关表述。A 部分，通过 Wu Binbin 和 Chen Jie 戴面具玩游戏的情境，让学生学习谈论个人五官，并用句型“Look at me. This is my ...”介绍自己的五官。B 部分，通过 Sarah 和 Mike 共同做玩偶的情境，让学生学习表示身体部位的六个单词，并在情境中运用“This is the ...”介绍五官及身体部位。本课教学内容是 A 部分 Let's learn 板块。通过听、说、读、看、玩、演等活动，帮助学生学习五官类单词，并学会用“Look at me. This is my ...”介绍五官。
学生基础分析	三年级学生对所学的五官概念比较熟悉，结合本单元情景图等资源，可引导学生通过多个趣味性的情景学习活动，操练五官类单词，并学以致用。三年级学生活泼好动，在课堂上乐于发言，对于课中的游戏活动兴趣浓厚。
教学设计思路	本节课是词汇课。基于教材分析，教师将本课主题意义提炼为“Funny face”，并通过对主题的初步感知、深入了解及拓展延伸，引导学生开展语言学习。热身环节，利用歌曲导入主题，引出五官类单词。接着利用 Wu Binbin 和 Chen Jie 戴面具玩游戏的情境，带领学生整体学习新词，操练词汇，落实词汇的音、义、形。然后在观看小丑表演的情境中，让学生运用核心句型“Look at me. This is my ...”描述小丑，通过“我说你猜”的活动完成对词汇的巩固运用。拓展延伸环节，让学生设计自己的面具并向同伴介绍，通过语用任务不断加深学生对“Funny face”这一主题意义的理解与体会，体验语言运用的乐趣。
教学目标定位	1. 能听、说、认读核心单词 eye、ear、face、nose、mouth。 2. 能在情境中正确运用核心句型“Look at me. This is my ...”介绍自己的五官。 3. 能运用有关五官和颜色的语言扮演小丑做介绍，玩说说猜猜的游戏。 4. 能运用五官和颜色类单词及句型“Look at me. I have ...”介绍自己绘制的面具，进行交流表达。
板书设计	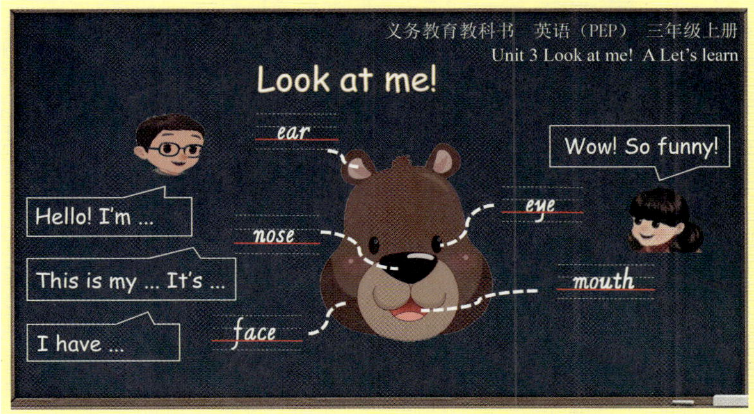

教学过程

教学环节	教学活动	活动单链接
Warming up	**1. Enjoy a song** 跟唱关于五官的课外歌曲。	
	2. Let's say 根据歌曲内容，看图说一说。	
Presentation & practice	**3. Look and guess** 出示教材主图，引导学生猜测 Wu Binbin 和 Chen Jie 的对话内容。 Q: What will Wu Binbin/Chen Jie say?	
	4. Listen and choose 听 Let's learn 录音。 Look at me! This is my ______.	【活动 1】Listen and choose
	5. Watch and repeat 跟读模仿教材录音。	
	6. Listen and order 再次听 Let's learn 录音，根据所听内容，将 Zoom 的五官单词进行排序。	【活动 2】Listen and order
	7. Point and say 呈现 Chen Jie 戴上面具的场景。引导学生角色扮演，指一指，说一说。	
	8. Read and match 引导学生将 Zip 的脸部五官与正确的单词配对。	【活动 3】Read and match
	9. Let's watch 观看 Let's do 视频。	
	10. Chant and do 跟着动画，边说边做。	
	11. Read and choose 呈现单元主情景图，引导学生读一读，选一选。	【活动 4】Read and choose
	12. Let's play 同桌两人，一人扮演小丑，运用句型"Look at me. This is my ... It's ..." 介绍有趣的五官，另一人找到对应的小丑，然后两人互换任务。	
Production	**13. Read and number** 阅读语篇，完成排序任务。	【活动 5】Read and number
	14. Choose and introduce 绘制一个小丑面具，运用"Hello! I'm ... Look at me. I have ..."向同伴介绍面具。	【活动 6】Choose and introduce
Homework	1. Read the textbook page 25 after the tape 5 times. 2. Draw "A funny face" and talk with your friends.	

（湖州师范学院南浔附属小学 吕琳）

Unit 3 Look at me!

A Let's learn

I can get ______ ☆ □ Great! □ Good! □ Try hard!

1 Listen and choose

Look at me!

This is my ______.

A. mouth B. face C. nose

评价标准	完成情况
选择正确	☆☆☆

2 Listen and order

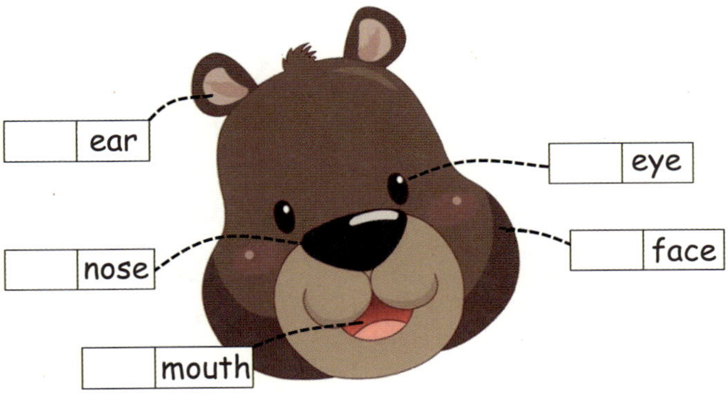

评价标准	完成情况
排序正确	☆☆☆

3 Read and match

A. face D. nose C. ear B. mouth E. eye

评价标准	完成情况
配对正确	☆☆☆

4 Read and choose

Hello! Look at me! This is my mouth. It's big. This is my nose. It's red. Look at my eyes. Haha, so small! ◯	Hi! Look at me! This is my face. It's nice. This is my nose. It's funny. This is my ear. Touch my big ear! ◯

评价标准	完成情况
选择正确	★★★

5 Read and number

☐ Hi! I'm Blue.

☐ I have a big mouth.

4 I have a purple nose.

☐ Look at me! I have a funny face.

6 Haha! Do you like me?

☐ I have small eyes and small ears, too.

评价标准	完成情况
排序正确	★★★

6 Choose and introduce

Hello! I'm ________________. Look at me!

I have a ________________________________.

I have ________________________________.

I ________________________________.

____.

Haha! Do you like me?

A

B

C

参考要点

★ red, blue, yellow, orange, ...

★ funny, big, small, ...

★ mouth, nose, ears, ...

评价标准	完成情况
语言表达准确	★★★
语言表达流利	★★★
内容丰富、有创新性	★★★

Unit 3 Look at me!

A Letters and sounds

教学材料分析

本课教学内容是第三单元 A 部分 Letters and sounds，要求学生能听、说、读、写 Ee、Ff、Gg、Hh、Ii 五个字母，并初步掌握其在单词中作为首字母时的发音规则。教材内容分为三个部分，第一部分呈现字母 Ee—Ii 的音、形及其字母发音规则；第二部分通过听音圈出单词首字母活动，巩固字母音与形的对应关系；第三部分学习字母在四线格上的位置和笔顺，最终落实字母书写。

学生基础分析

学生在前一单元中学习了 Aa、Bb、Cc、Dd 四个字母及其作为单词首字母时的发音，并初步感知了字母名与字母发音的区别。在初学字母阶段，学生对字母建立音、形、义之间的联系比较困难，并且对相近的字母外形也容易混淆，如 E 和 F；另在书写方面，字母大小写占格也很容易出错，如 i、f、g。

教学设计思路

本课是一节字母课。首先，通过歌曲“Phonics song”让学生整体感知 26 个字母及其发音。接着，通过听音、朗读、吟唱歌谣等活动，帮助学生认识字母 Ee—Ii，并在排序活动中滚动复习已学字母，巩固本课目标字母的音、形。然后，引导学生归类首字母相同的单词，并自主探究字母发音，完成练习来总结巩固。最后，创造性地设计一个“字母人”，融汇本单元主题“身体部位”形成微语篇进行输出。

教学目标定位

1. 能明确字母 Ee、Ff、Gg、Hh、Ii 在字母表中所处的位置。
2. 能听、说、读、写大小写字母 Ee、Ff、Gg、Hh、Ii。
3. 能在学习字母 Ee、Ff、Gg、Hh、Ii 音、形的基础上，掌握这五个字母作为单词首字母时的发音：egg、elephant、face、foot、green、gift、hand、hi、ice cream、ice。
4. 能掌握所学字母的笔顺并在四线格内正确书写。

板书设计

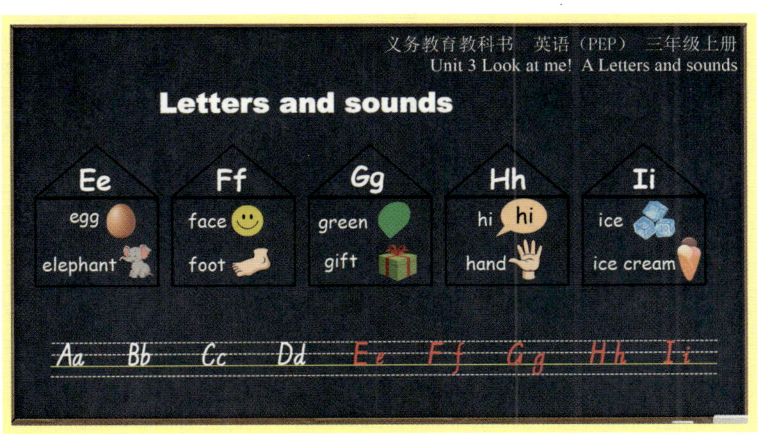

教学过程

教学环节	教学活动	活动单链接
Warming up	1. Sing and enjoy 欣赏课外歌曲“Phonics song”。	
Presentation & practice	2. Listen and circle 听录音，圈出听到的字母。 Q: What letters did you hear?	【活动 1】Listen and circle
	3. Try to read 引导学生尝试朗读字母，感知字母读音中所含音素。 T: Try to read these five letters.	
	4. Watch and repeat 跟读模仿教材录音，注意字母纠音、正音。	
	5. Read and number 朗读字母，并按字母表顺序给字母标号。	【活动 2】Read and number
	6. Look and write 观看视频，学习字母书写笔顺及占格位置，在四线格中正确书写字母。	【活动 3】Look and write
	7. Chant and do 唱字母歌谣并做动作，巩固字母音。	
	8. Look, think and say 说一说字母、字母发音及以此字母开头的单词。	
	9. Read and find 朗读单词，总结首字母的发音规律。 Q: What are the sounds of these letters?	
	10. Watch and repeat 观看教材字母发音视频，跟读。	
	11. Look and say 看图说一说。	
	12. Listen and circle 听教材录音，圈出对应的单词首字母。	
	13. Look, match and write 首先观察所缺字母，发现字母的大小写要求，然后填入字母组成单词并将单词与图片连线。	【活动 4】Look, match and write
Production	14. Look and write 根据字母画，读语篇，并填写单词或字母补全语篇。	【活动 5】Look and write
	15. Look and say 看字母创意画，说一说。	
	16. Draw and say 自己创作字母画并说一说。	【活动 6】Draw and say
Homework	1. Listen and read the textbook page 26. 2. Find letters Ee, Ff, Gg, Hh, Ii around you. 3. Introduce your drawing to your classmates.	

（舟山市岱山实验学校　龙新花）

Unit 3 Look at me!

A Letters and sounds

I can get ________ ☆　　□ Great! □ Good! □ Try hard!

1 Listen and circle

评价标准	完成情况
圈选正确	☆☆☆

2 Read and number

(　　)(　　)(　　)(　　)(　　)(　　)(　　)(　　)(　　)

评价标准	完成情况
排序正确	☆☆☆

3 Look and write

Aa ______ Cc ______ ______ ______ ______ ______ ______

评价标准	完成情况
字母书写正确	☆☆☆
字母格式正确	☆☆☆

4 Look, match and write

_lephant

_AG

_og

_ace

Aa Bb Cc Dd Ee Ff Gg Hh Ii

_rayon

_PPLE

_ift

_CE

_AND

评价标准	完成情况
字母连线正确	☆☆☆
字母书写正确	☆☆☆
字母大小写规范	☆☆☆

5 Look and write

Hello, my name is Haha.
Look at me!
This is my _ead. It's letter ______.
It's black.
This is my _ye. It's letter e. It's black, too.
This is my _ody. It's letter ______.
It's _reen.
This is my _oot. It's letter ______. It's purple.
Nice to meet you.

评价标准	完成情况
答案书写正确	☆☆☆
字母书写规范	☆☆☆

6 Draw and say

Hello, my name is ______.
Look at me!
This is my ______. It's letter ______.
This is my ____________________.
______________________________.
...
Nice to meet you.

评价标准	完成情况
字母画有创意	☆☆☆
语言表达正确	☆☆☆

Unit 3 Look at me!

B Let's talk

教学材料分析

本单元主题为“五官及身体部位”和“问候”。A 部分，通过学习如何介绍个人五官，让学生学会悦纳和欣赏自己的身体。B 部分，通过制作玩偶、介绍玩偶的身体部位，让学生体验与朋友一起制作玩偶的乐趣。本课教学内容是 B 部分 Let's talk 板块，通过 Sarah 到 Mike 家做客并邀请 Mike 一起做玩偶的情境，让学生学会使用适当的方式相互问好，能回应朋友的关心问候，并能用“Let's ...”邀请朋友一起参与活动，懂得朋友之间要相互关心，相互分享。

学生基础分析

学生在第一单元和第二单元的学习中，已熟练掌握如何介绍自己、介绍他人以及初次见面的问候语、告别语等。同时，通过本单元 A 部分的学习，学生已初步掌握如何问候他人，并能用“How are you?” “I'm fine, thank you.”进行交流。本课时重点教授学生运用“Very well, thanks.”进行回应，教学难点是引导学生在日常生活中灵活运用以上方式进行问候。因此在教学中应拓展情境，让学生加深对知识的理解，初步形成语言运用能力。

教学设计思路

本课是一节以看、听、说、演为主的对话课。教学设计基于教材，教师提炼主题语境为“Let's make a puppet!”。首先，通过欣赏歌曲，帮助学生复习 A 部分已学的问候语，初步感知目标句型并激活思维；其次，通过看图预测 Mike 与 Sarah 的对话内容、看视频选择和判断等活动帮助学生深入理解语篇，懂得朋友间要互相关心，互相分享；最后从教材语境迁移到真实的语境，通过新编对话，让学生进行真实的交流，旨在发展学生的综合语言运用能力。

教学目标定位

1. 能通过视听理解 Sarah 到 Mike 家做客并邀请他一起制作玩偶的对话大意。
2. 能听、说、认读句型“How are you?” “Very well, thanks.”并能在真实语境中正确运用句型有礼貌地问候他人。
3. 能正确运用句型“Let's ...”向他人提议一起做某事并进行应答。
4. 能用正确的语音语调朗读对话并进行角色扮演。
5. 能懂得朋友之间要相互关心，相互分享。

板书设计

教学过程

教学环节	教学活动	活动单链接
Warming up	1. Let's enjoy 欣赏、跟唱课外歌曲“Hello, hello! How are you?”，复习关于打招呼的用语。	
	2. Listen and tick 再次听歌曲，选出歌曲中男孩对于“How are you?”的回答，初步感知“very well”“great”的含义。 Q: How to answer “How are you”?	【活动 1】Listen and tick
Presentation & practice	3. Look and guess 看课文插图，猜一猜 Sarah 和 Mike 在哪里，同时学习生词 puppet。 Q: Where are Sarah and Mike?	
	4. Good to know 欣赏各个国家的玩偶图片，了解不同国家的玩偶文化。	
	5. Let's predict 根据教师提供的语言支架，预测课文人物的聊天内容。 Q: What may Sarah and Mike talk about?	
	6. Watch and choose 观看无字幕 Let's talk 视频，回答问题，初步理解语篇内容。 Q1: Where are Sarah and Mike? Q2: What do they want to do?	【活动 2】Watch and choose
	7. Watch and tick or cross 观看有字幕 Let's talk 视频，根据视频内容进行判断，深入理解语篇内容。	【活动 3】Watch and tick or cross
	8. Let's play 小组以“开小火车”的形式打招呼，灵活运用“I'm fine, thank you.”和“Very well, thanks.”。	
	9. Watch and think 观看视频并思考从哪里看出 Sarah 和 Mike 是好朋友，从而得出好朋友之间要互相关心，互相分享。 Q: Sarah and Mike are good friends. How do you know?	
	10. Let's imitate 跟读模仿录音，重点关注句子中的升降调与重音。	
	11. Peer reading 两人小组开展活动，一人分饰 Sarah、Mike 进行对话朗读，另一人倾听后完成评价并提出改进建议，随后两人互换任务。	【活动 4】Peer reading
	12. Let's role-play 同桌合作，分角色表演对话，巩固对话内容。	
Production	13. Read and choose 看图，Mike 的妈妈见到 Sarah，会发生怎样的对话呢？阅读语篇，根据上下文内容，选择合适的语句填入对话中。	【活动 5】Read and choose
	14. Let's act 同桌合作，以到好朋友家做客为情境，创编新的对话，并演一演。	
Homework	1. Listen and repeat *Let's talk* & *Let's play* 3 times. 2. Finish the workbook page 16. 3. Make a new dialogue with your friend.	

（湖州市爱山小学教育集团　高洁）

Unit 3 Look at me!

B Let's talk

I can get ________ ☆　　□ Great!　□ Good!　□ Try hard!

1 Listen and tick

操作要点　听歌曲，下列哪些是男孩对于“How are you?”的回答？请在□中打钩，可多选。

评价标准	完成情况
勾选正确	☆☆☆

2 Watch and choose

评价标准	完成情况
选择正确	☆☆☆

(1) Where are Sarah and Mike? ________

A. At Sarah's home.

B. At Mike's home.

(2) What do they want to do? ________

A.

B.

3 Watch and tick or cross

(1) Sarah is polite(有礼貌的). ( )

(2) Mike has a puppet. ( )

(3) Sarah and Mike want to make a puppet. ( )

(4) Sarah and Mike are good friends. ( )

评价标准	完成情况
判断正确	★★★

4 Peer reading

操作要点 两人小组开展活动，一人分饰 Sarah、Mike 进行对话朗读，另一人倾听后完成评价并提出改进建议，随后两人互换任务。

评价标准	完成情况
语音语调正确	★★★
凸显角色特点	★★★

5 Read and choose

Mike: Hi, Mum. This is Sarah.
Mum: Welcome, Sarah!
Sarah: ________ Nice to meet you!
Mum: ________
Sarah: How are you?
Mum: ________
Mike: Come on, Sarah! Let's play!
Mum: Have a good time!
Sarah&Mike: Thank you!

A. Nice to meet you, too.
B. Very well, thanks.
C. Thank you!

评价标准	完成情况
选择正确	★★★

参考要点

★ Welcome! 欢迎！
★ Come on! 来吧！
★ Have a good time! 玩得愉快！

Unit 3 Look at me!

B Let's learn

教学材料分析	本单元围绕"五官及身体部位"展开教学。A 部分，借助介绍 Zoom's face 的情境，让学生学习目标词汇 ear、eye、nose、mouth、face，学会运用句型"This is my ..."介绍自己的五官；B 部分，通过 Sarah 和 Mike 共同拼搭玩偶的情境，让学生学习目标词汇 arm、hand、head、body、leg、foot，同时在图片、实物或情境的辅助下，学会运用"This is the ..."介绍五官和身体部位，深入体验合作拼搭玩偶以及运用语言的乐趣。
学生基础分析	三年级学生对拼搭玩偶的情境充满兴趣，但他们仍处于英语学习的基础阶段，语言较匮乏，因此，如何创设合适的语言运用情境是本课需要突破的难点。学生在第一单元已经学习了文具类词汇，在本单元 A 部分中已经学习了五官类词汇及"This is my ..."，对于目标句型的语义和语用功能已经有了初步感知，并将在语境中进一步感知理解、熟练运用以上句型进行五官及身体部位的介绍。
教学设计思路	本节课是以词汇为主，兼顾核心句型的词汇课。通过听、说、看、读、写、做、唱等活动形式，在拼搭玩偶的情境中，引导学生感知、学习、巩固新词的音、义、形，并对目标句型进行学习，完成新旧词汇的融合运用，在思维碰撞中产生更多有创意的拼搭作品及语言输出。
教学目标定位	1. 能在拼搭玩偶的语境中听、说、认读核心单词 head、body、arm、leg、hand、foot，并能结合发音规律拼写、补全单词。 2. 能在介绍玩偶身体部位的情境中，运用"This is the ..."介绍五官和身体部位。 3. 能小组合作拼搭创意玩偶，灵活运用文具类词汇与身体部位类词汇进行交流表达。
板书设计	

教学过程

教学环节	教学活动	活动单链接
Warming up	**1. Sing a song** 跟唱课外歌曲“My face”。 Q: What's the song about?	
	2. Touch and say 引导学生用“This is my ...”介绍自己的五官。	
	3. Look and say 呈现 B 部分对话插图。简单复习后顺势引出本课主题语境“拼搭玩偶”。	
Presentation & practice	**4. Listen and choose** 先看教材主图，跟读新词。再听 Let's learn 录音，选择正确的句子补全对话。 Q: What are in their hands?	【活动 1】Listen and choose
	5. Watch, number and match 看 Let's learn 视频。第一次看视频，完成身体部位排序。第二次看视频，完成新词汇与图片的搭配。教师在校对中，板书呈现词汇 hand、head、arm、leg、foot、body。	【活动 2】Watch, number and match
	6. Listen and imitate 跟读模仿教材录音。	
	7. Make and say 引导学生通过观察来区分玩偶各身体部位并补全对话。邀请学生在黑板上摆一摆玩偶的身体部位，完成玩偶拼搭。同桌互相指一指、区分剩余的玩偶身体部位图片，并用“This is the ...”介绍。	【活动 3】Make and say
	8. Let's say 呈现拼搭完成的玩偶，引导学生同桌间有序介绍玩偶的身体各部位。	【活动 4】Let's say
Production	**9. Let's do** 跟着教材视频说一说并做动作。	
	10. Look and say 引导学生边观察边与教师互动，介绍教师自制“文具玩偶”的身体部位。	
	11. Listen and write 播放介绍“文具玩偶”的录音。师生共同批改一位学生的书写材料，同桌互换校对。	【活动 5】Listen and write
	12. Make a new dialogue 引导学生小组合作，利用身边的文具拼搭新玩偶，并根据语言框架进行介绍。	【活动 6】Make a new dialogue
Homework	1. Read *Let's learn* & *Let's do* 3 times. 2. Talk about your new puppet with your partners.	

（温州市森马协和学校　戴俊敏）

Unit 3 Look at me!

B Let's learn

I can get ________ ☆ □ Great! □ Good! □ Try hard!

1 Listen and choose

Mike and Sarah are making a puppet. What are in their hands?

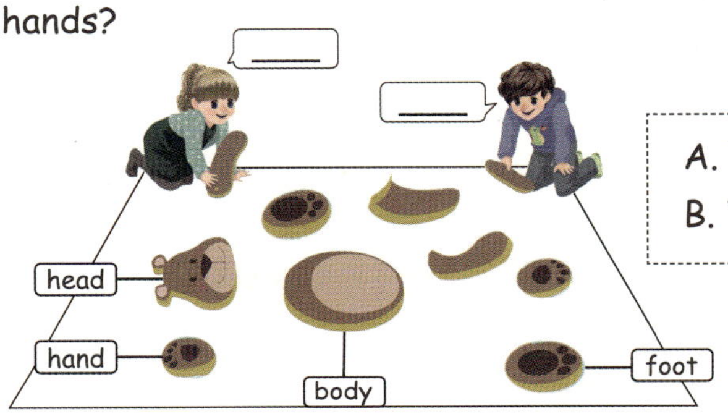

A. This is the arm.
B. This is the leg.

评价标准	完成情况
选择正确	☆☆☆

2 Watch, number and match

How do they make the puppet?

A. hand B. head C. arm D. leg E. foot F. body

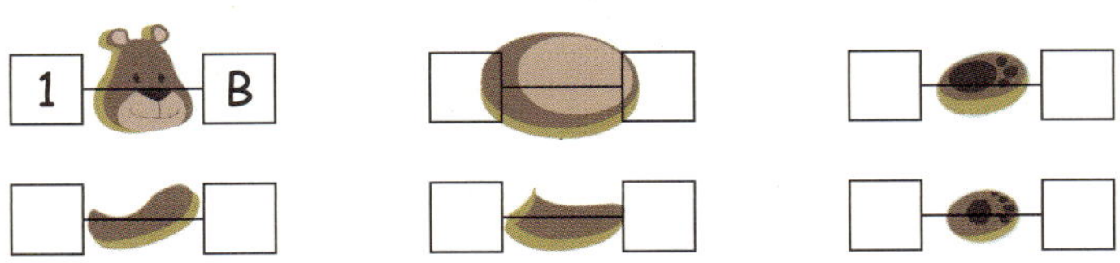

评价标准	完成情况
排序正确	☆☆☆
配对正确	☆☆☆

3 Make and say

评价标准	完成情况
身体部位区分正确	☆☆☆
语言表达准确	☆☆☆
语言表达流利	☆☆☆

4 Let's say

Look! This is the puppet.
This is ...

评价标准	完成情况
身体部位介绍正确	★★★
语言表达流利	★★★
符合逻辑顺序	★★★

5 Listen and write

Look! This is my puppet.

This is the book hea__ .

This is the pencil case _ody .

This is the pencil _rm .

This is the eraser _and .

This is the pen l_g .

This is the eraser _oot .

Wow! I like my puppet!

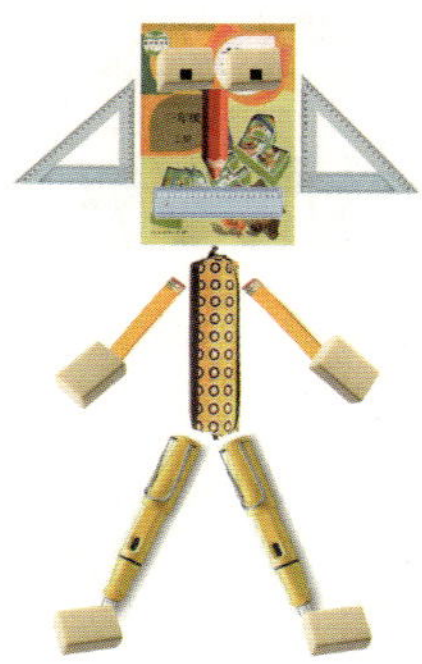

评价标准	完成情况
字母书写正确	★★★
字母书写美观	★★★

6 Make a new dialogue

Body parts

评价标准	完成情况
语音语调准确	★★★
语句表达流利	★★★
表情动作丰富	★★★
语言表达符合逻辑	★★★
词汇运用丰富贴切	★★★

参考要点

★ hand, head, arm, leg, foot, body, ...

★ pencil, pen, crayon, book, bag, eraser, pencil case, ...

Unit 3 Look at me!
B Start to read

教学材料分析

本单元围绕“五官及身体部位”展开教学。A 部分，借助 Chen Jie 和 Mike 上学途中聊天的情境，让学生学习句型“How are you?” “I’m fine, thank you.” “Let’s go to school.”；借助 Chen Jie 和 Wu Binbin 玩游戏的情境，让学生学习五官类词汇并运用句型“Look at me. This is my ...”进行个人五官介绍。B 部分，借助 Mike 和 Sarah 组装玩偶的情境，让学生学习句型“How are you?” “Very well, thanks.” “Let’s make a puppet.”并运用句型“This is the ...” 和目标词汇 head、hand、arm、body、leg、foot 进行身体部位介绍。

学生基础分析

学生在本单元中，已经学习了身体部位类单词，能够运用本单元的目标句型进行简单的英语问候交流及身体部位介绍。本课时中，学生学习的重点是熟练运用字母 Ee、Ff、Gg、Hh、Ii 完成相应活动，并在语篇中听、说、认读身体部位类单词；学习的难点是融合颜色类单词，在语境中进一步熟练运用本单元所学句型和词汇。

教学设计思路

本课是一节读写启蒙课。通过整合单元主情景图，设计相应的听、说、读、看、写等活动，巩固本单元学习内容，帮助学生初步掌握认读字母和句型的技巧，引导学生融合已学词汇和句型进行综合语言运用。

教学目标定位

1. 能熟练掌握 Ee、Ff、Gg、Hh、Ii 的字母音，能按顺序规范书写已学字母大小写。
2. 能在语篇中听、说、认读身体部位单词 eyes、ears、nose、face、mouth、head、hand 等。
3. 能熟练运用本单元重点句型“Look at me. This is my ...”，综合颜色和身体部位名称进行介绍。
4. 能通过阅读字母、句型和简单的语篇进行图文匹配。

板书设计

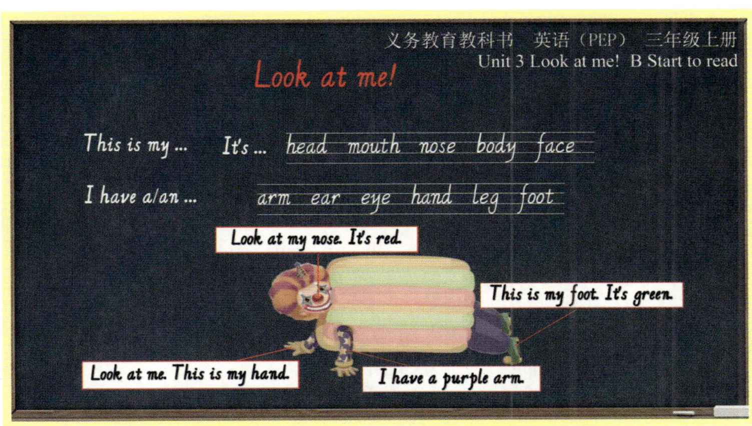

教学过程

教学环节	教学活动	活动单链接
Warming up	**1. Let's sing** 师生跟唱歌曲，复习 26 个字母的读音及其在单词中的发音。	
	2. Let's play 教师利用字母卡片，引导学生边做边说。 T: E, e. Show me small letter e. S: E, e, e. /e/, /e/, /e/.	
Presentation & practice	**3. Listen and number** 听录音，根据字母读音，给字母组合排序。	【活动 1】Listen and number
	4. Find and say 课件呈现教材插图，通过提问引导学生整体阅读，并辨认图中散落的字母。 T: What letters do you see? S: I see an orange f. ...	
	5. Look and choose 观察图中字母及其颜色，选择若干字母表述完整的句子。 Q: Mike, what do you see? A. I see an orange f, a blue E, a red G and a green H. B. I see a red I, a purple h, a green F and a yellow e.	【活动 2】Look and choose
	6. Think and write 将教材 Find and say 中字母的大小写，按照字母表顺序，规范书写在四线格中。	【活动 3】Think and write
	7. Look and match 借助教材中小丑的形象，将小丑身体部位和对应单词进行匹配。	【活动 4】Look and match
	8. Look and say 扮演小丑的角色，用学过的词汇和句型进行身体部位介绍。 Look at me. This is my .../I have 2 .../Look at my ... It's ...	
	9. Read and count 指导学生用不同符号标注单词，辨认不同字体的身体部位单词，对学生进行初步的阅读策略指导。	
Production	**10. Read and choose** 阅读依据单元主情景图中小丑形象所创编的三个语篇，圈画关键词，选择语篇所描述的小丑。 Q: Look at the clowns. They are so cute. But who are they?	【活动 5】Read and choose
	11. Colour, write and choose 给小丑涂色，补充字母并选择相应的颜色词，完成自我介绍。 Let's colour the clown. Write about him.	【活动 6】Colour, write and choose
Homework	1. Use the letter cards to spell the words about the body parts. 2. Write letters Ee, Ff, Gg, Hh, Ii on your exercise book.	

（衢州市柯城区鹿鸣小学　吴莉莉）

Unit 3 Look at me!

B Start to read

I can get ________ ☆　　□ Great!　□ Good!　□ Try hard!

1 Listen and number

根据字母发音，给字母组合标序号。

( ) A f E g　　( ) G i h F

( ) g H e I　　( ) E D f b

评价标准	完成情况
序号标注正确	★★★

2 Look and choose

看图片，选择 Mike 的正确表达。

Mike, what letters do you see?

____

A. I see an orange f, a blue E, a red G and a green H.
B. I see a red I, a purple h, a green F and a yellow e.

评价标准	完成情况
选择正确	★★★

3 Think and write

根据上面的图片，按照字母表顺序，将找到的字母规范书写在四线格中。

评价标准	完成情况
书写规范	★★★
顺序正确	★★★

4 Look and match

将单词连线到小丑相应的身体部位。

ear
eye
mouth
nose
head

arm
hand
leg
foot
body

评价标准	完成情况
连线正确	★★★

5 Read and choose

阅读语篇，选一选是谁的自我介绍。

评价标准	完成情况
选择正确	☆☆☆

( ) How are you? I'm Fed. Look at my nose. It's pink! My head is pink, too. I have green arms, green eyes and green legs. But my feet are pink. Nice to meet you!

( ) Good morning. I'm Gina. I'm blue. My hands are blue. My eyes are blue. My feet are blue, too. I like blue.

( ) Hello! My name is TT. What's your name? Look! I have a red nose, a red mouth and an orange head. Look at my black feet. Which is me?

6 Colour, write and choose

给小丑涂色，补全身体部位单词，并选出相应的颜色词。

评价标准	完成情况
涂色美观	☆☆☆
字母填写正确	☆☆☆
颜色单词选择与涂色匹配	☆☆☆

Hello! My name's Eiff.

Look at my _ace. It's ____.

Look at my _ody. It's ____.

Look at my _rm. It's ____.

Look at my _eg. It's ____.

Look at my _and. It's ____.

Look at my _oot. It's ____.

Colour words

A. white B. black C. blue D. red E. green
F. yellow G. orange H. brown I. pink J. purple

Unit 3 Look at me!

C Story time

教学材料分析

本单元重点围绕身体部位展开教学。A 部分，让学生用句型“Look at me! This is my ...”来介绍自己的身体，学会悦纳和欣赏自己的身体。B 部分，让学生制作玩偶并学习用“This is the ...”来介绍玩偶的身体部位，体验制作玩偶和介绍玩偶的快乐。本课教学内容是 C 部分 Story time，是故事课。通过听、说、看、读、演等活动形式，让学生在学习故事内容、挖掘故事寓意的过程中，丰富语言表达形式，提升思维品质。

学生基础分析

学生在 A 部分词汇课中已经学习了身体部位类词汇，在 B 部分对话课中初步了解了 puppet 并掌握了句型“Let’s make a puppet.”。通过本课学习，学生将在故事中进一步提高语用能力，深入了解玩偶的相关文化知识。

教学设计思路

本节课是以视、听、说、演为主的故事课。教学设计基于教材，“故事前”环节利用歌曲导入，通过边唱边做动作来复习本单元的核心词汇，接着引导学生观察教材第一幅插图，对故事内容做出合理的预测；“故事中”环节通过看、听、说、模仿等方式，帮助学生体验制作玩偶的过程和玩偶变活后主人公的心情，并鼓励学生尝试表演故事；“故事后”环节引导学生观看视频，了解更多关于玩偶的文化知识，并组织学生用本课所学语言来演绎匹诺曹的故事，旨在培养学生迁移运用语言的能力，进一步促进学生思维品质的发展。

教学目标定位

1. 能通过观看动画、观察图片、阅读文本来提取故事主要信息，理解故事内容，复习巩固核心句型，描述制作玩偶的过程。
2. 能用正确的语音语调朗读故事，并在教师的帮助下表演故事。
3. 能根据图片预测故事的发展，了解人物情感，培养发散思维。
4. 能运用本故事中的核心语言演绎《木偶奇遇记》里老人制作木偶匹诺曹的过程。
5. 能通过观看视频，进一步了解玩偶文化。

板书设计

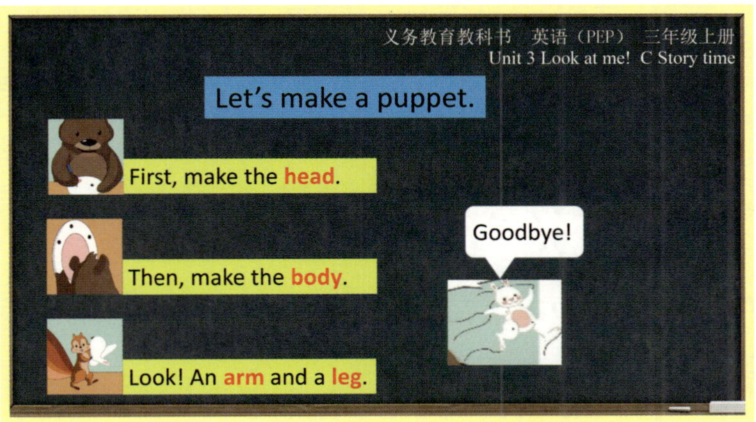

教学过程

教学环节	教学活动	活动单链接
Warming up	**1. Enjoy a song** 跟唱课外歌曲“Head, shoulders, knees and toes”。	
Presentation & practice	**2. Look and guess** 出示教材主图并提问。引出情境并板书呈现“Let’s make a puppet.”，引导学生观察。 Q: Who is in the story? What will they make? How do you know that?	
	3. Listen and number 播放 Story time 前四幅图的音频。板书呈现制作玩偶过程的图片。学生听录音，对制作玩偶的图片进行排序。 Q: How do they make a puppet?	【活动 1】Listen and number
	4. Read and match 阅读教材并完成图文匹配。在板书相应图片上呈现文字。	【活动 2】Read and match
	5. Watch and answer 播放视频并提问。引导学生讨论故事结局的各种可能性，发散思维。 Q: What happens to the puppet? Do you think it really runs away?	
	6. Think and say 引导学生思考 Zoom 和 Zip 看到玩偶逃走时会说什么。 Q: What will Zoom and Zip say when they see the puppet run away?	
	7. Listen and imitate 配上手势，引导学生用正确的语音语调朗读课文。	
	8. Let’s dub 通过分角色配音，熟悉角色台词，为接下来的角色扮演铺垫好语言。	
	9. Role-play 分角色表演故事。通过一组学生的生动表演，激发学生表演的欲望，并为最后的小组故事展示做好示范。	
	10. Sing a song 用歌曲《两只老虎》的旋律歌唱玩偶制作的过程。	【活动 3】Sing a song
	11. Choose, write and say 选择词汇，完成Zoom的日记，并口头表达。	【活动 4】Choose, write and say
Production	**12. Watch the video** 观看视频，了解玩偶文化。	
	13. Show time 呈现老爷爷和猫咪一起制作玩偶匹诺曹的图片，带领学生一起叙述他们的对话，然后三人小组合作表演此对话。	
Homework	1. Read the story. 2. Make your own puppet and act out your story. (选做)	

（温州市实验小学　周森森）

Unit 3 Look at me!

C Story time

I can get ________ ★　　□ Great! □ Good! □ Try hard!

1 Listen and number

How do they make a puppet?

评价标准	完成情况
排序正确	★★★

2 Read and match

评价标准	完成情况
连线正确	★★★

First, make the head.　　Then, make the body.　　Look! An arm and a leg.

3 Sing a song

操作要点　用歌曲《两只老虎》的旋律歌唱玩偶制作的过程，先独立练习，然后唱给同桌听，完成后相互评价并提出改进建议。

评价标准	完成情况
旋律准确	★★★
歌词正确	★★★
情感投入	★★★

Make a puppet, make a puppet.
First make the head, first make the head.
Then make the body, then make the body.
An arm and a leg, an arm and a leg.
Play with the puppet, play with the puppet.
Play, play, play, play, play, play.
Play with the puppet, play with the puppet.
Fun, fun, fun, fun, fun, fun.

4 Choose, write and say

选择正确的选项，帮助 Zoom 完成日记，将字母序号填在横线上，并说一说。

评价标准	完成情况
选择正确	★★★
表达流利生动	★★★

Nov. 12th

Zip and I make a ________ today.
First we make the ____________.
Then we make the ____________.
Finally we make the arms and
the ________. Aha! The puppet
____________________________.

A. legs　B. puppet　C. body
D. runs away　E. head

Recycle 1
Period 1

教学材料分析

本课是 Recycle 1 的第一课时，包括第 32 页的小故事与第 33 页的两个任务。小故事幽默、有趣，语言简练，画面充满喜感；两个任务内容有趣，有故事感。本课时通过故事与任务，主要帮助学生综合复习第 1—3 单元的重点句型和词汇，并以故事表演的形式培养学生在实际情境中运用语言的能力。

学生基础分析

学生通过前三个单元的学习，已经能够用“Hello!”“Hi!”“Good morning/afternoon.”“My name is ...”“This is ...”与他人进行简单的问候、介绍自己和他人，能够使用一些文具、颜色和身体部位类单词。三年级学生活泼好动，课堂上乐于发言，对于课堂中的游戏活动兴趣浓厚。

教学设计思路

本课以孩子们要参加化装舞会为情境，通过看、预测、听、说、读、演、创编等活动形式，将前三个单元的核心句型和词汇串联起来，帮助学生理解故事内容，培养学生的语言表达能力，同时引导学生感受结交新朋友的快乐。

教学目标定位

1. 能理解故事大意，并能有感情地朗读、模仿并表演故事。
2. 能完成听音涂色、看图勾选等小练习。
3. 能分辨不同人物的特征，并能对人物不同颜色的衣着和身体部位进行描述。
4. 能在理解故事的基础上，延伸对话情境，运用核心句型创编新的对话。
5. 能理解故事的寓意，乐于结交新朋友。

板书设计

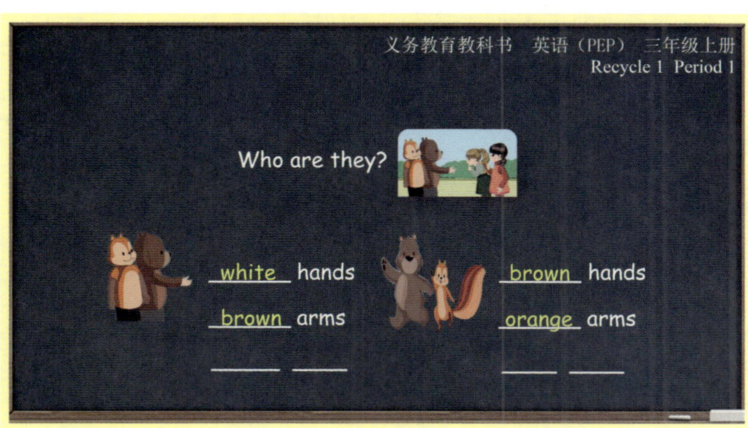

教学过程

教学环节	教学活动	活动单链接
Warming up	**1. Let's sing and do** 跟唱第二单元歌曲 "Colour song" 和第三单元 "Let's do"。	
	2. Free talk 教师先亲切问候学生作为示范，然后请学生两人一组，自编对话，互相问候。	
	3. Listen and colour 设置情境：学校里有化装舞会，孩子们已经做好了装扮。出示教材第 33 页图片，播放课文录音。 Q: What colour is it?	【活动 1】Listen and colour
	4. Look and tick 看教材图片，勾选出正确的描述，并根据描述说一说是哪个人物。 I see a red body. This is Miss Red.	【活动 2】Look and tick
Presentation & practice	**5. Let's guess** 设置情境：Chen Jie 和 Sarah 在去化装舞会的路上碰到了 Zoom 和 Zip。 出示教材 Read aloud 的最后一幅图并提问。创设情境并引出 "Who are they?"。 Q: What happened?	
	6. Look and predict 学生看图回答图片上的人物是谁，并预测 Chen Jie、Sarah、Zoom 和 Zip 如何互相介绍和问候。	
	7. Listen and tick 听 Read aloud 录音，整体感知并选择正确的对话。 Q: What will they say?	【活动 3】Listen and tick
	8. Watch and number 看故事视频，给图片排序。 Q: Next, what will happen?	【活动 4】Watch and number
	9. Think and guess 呈现故事中图三的 Zoom 和 Zip，引导学生观察图片，并根据自己的观察结果进行猜测。 Q: Is this Zoom? Is this Zip?	
	10. Read, match and circle 学生独立朗读课文，观察图片，寻找出假 Zoom 和 Zip 的扮演者，并连一连，然后说一说如何发现 John 和 Mike 是扮演者，并圈一圈。 Q: Who are they? How do you know?	【活动 5】Read, match and circle
	11. Listen and imitate 跟读课文，模仿语音语调。	
	12. Read along 全体学生轻声跟着视频一起读故事。	
	13. Role-play 六人小组合作进行角色扮演。	
Production	**14. Enjoy the costume party** 情境延续，进入舞会场景，同学们在舞会上认识了新朋友。请学生三人一组，选择 A、B、C 任一人物组合，合作创编新的对话。	
Homework	1. Read the story. 2. Act out the story with your friends after class.	

（衢州市实验学校教育集团菱湖校区　朱飞飞）

Recycle 1
Period 1

I can get ________ ☆　　□ Great!　□ Good!　□ Try hard!

1 Listen and colour

听课文录音，给图中人物的白色部位涂上正确的颜色。

评价标准	完成情况
涂色正确	☆☆☆

2 Look and tick

仔细观察活动 1 中的人物图片，勾选出正确的描述。

(1) □ a yellow body　　□ blue arms

(2) □ a red mouth　　□ orange eyes

(3) □ a red body　　□ brown arms

(4) □ a white mouth　　□ black eyes

评价标准	完成情况
勾选正确	☆☆☆

3 Listen and tick

What will they say?

Good morning.
I'm Chen Jie.
This is Sarah. □

Hello.
I'm Chen Jie.
I'm Sarah. □

My name is Mike. □
My name's Zip. □

I'm John. □
I'm Zoom. □

评价标准	完成情况
勾选正确	☆☆☆

4 Watch and number

(1)

(2)

( )

( )

( )

评价标准	完成情况
排序正确	★★★

5 Read, match and circle

（1）细读课文，想一想图中的 Zoom 和 Zip 到底是谁，并连一连。

Who are they?

（2）你是怎么发现他们是谁的？请在下图中圈出关键部位。

How do you know?

评价标准	完成情况
连线正确	★★★
关键部位圈出正确	★★★

Recycle 1
Period 2

教学材料分析

本节课分为两部分。第一部分综合复习第 1—3 单元的重点词汇和对话，通过“梯子和蛇”的游戏复习表示文具、颜色、身体部位的单词以及前三个单元的主要句型和字母。这一部分要求学生能准确、快速地认读前三个单元词汇，在真实的语境中灵活运用“Hello!/Hi!” “This is ...” “How are you?” “I’m fine.” “Nice to meet you.” “Nice to meet you, too.” “Goodbye!/Bye.”等核心句型。第二部分呈现学生学过的字母，通过字母图片帮助学生找出同一字母的大小写，降低难度，引导学生辨认字母大小写。这一部分还提供了一首关于见面打招呼、问好的歌曲，唱起来朗朗上口，颇有趣味。

学生基础分析

学生在前三个单元已经学习了九个字母的大小写书写方式及字母语音知识，了解了有关文具、颜色、身体部位等单词的含义，理解了单词的语用功能，并将在本节课中进一步巩固所学，达成熟练运用的目标。

教学设计思路

本课是一节综合复习课。首先，通过 Let’s sing 等活动，帮助学生回顾字母及颜色、身体部位和文具类核心单词，为后面的理解与输出奠定基础。其次，通过 Match and write 等活动，帮助学生在活动中强化对前三个单元重点词汇、字母和句型的综合运用。

教学目标定位

1. 能在合理的语境中听、说、认读前三个单元的文具、颜色和身体部位类单词。
2. 能通过阅读游戏图，完成相关活动，进一步理解和内化“Hello!/Hi!” “This is ...” “How are you?” “I’m fine.” “Nice to meet you.” “Nice to meet you, too.” “Goodbye!/Bye.”等核心句型。
3. 能在图片的帮助下，匹配字母大小写，并正确书写所学字母的大小写。
4. 能自主阅读文本“My puppet”，获取文本信息，画一画木偶的字母脸，补全身体部位。

板书设计

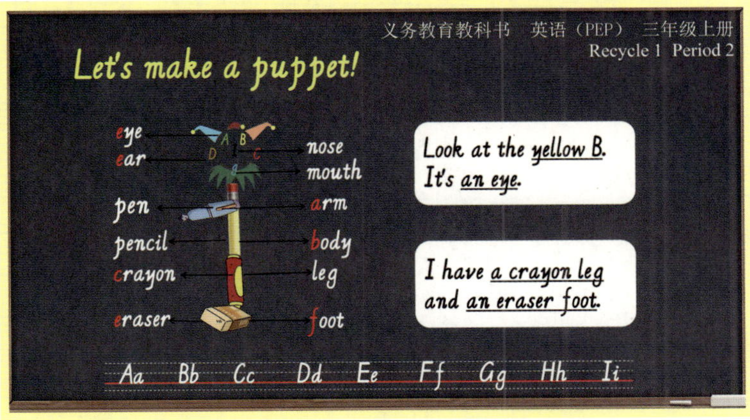

教学过程

教学环节	教学活动	活动单链接
Warming up	**1. Let's sing** 学唱教材第 35 页歌曲 "How are you?"，整体感知回顾 "How are you?" "I'm fine. Thank you." "This is ..." "Nice to meet you!" 等核心句型。	
	2. Enjoy a song 跟唱课外歌曲 "ABC"，整体感知、回顾目标字母（Aa—Ii）。	
Presentation & practice	**3. Think and say** 观察 Zoom 和 Zip 一起做事的图片，用句型 "They ... together." 谈论图中的内容，引入一起上学的场景。	
	4. Look and say 观察 Zoom 的木偶，说一说它的身体部位，整体回顾身体部位单词。	
	5. Listen and circle 听课外音频 "What's in the schoolbag?"，圈出书包里的文具，整体回顾文具单词。	【活动 1】Listen and circle
	6. Match and write 借助教材第 35 页图片（帮动物找宝宝），匹配字母大小写并正确书写字母，从字母配对落实到字母大小写书写。	【活动 2】Match and write
	7. Read, tick and group 阅读教材第 34 页游戏图，勾选出图中含有的文具、颜色类单词，并根据颜色和文具归类，从而加深对颜色、文具类单词的理解，并巩固字母书写。	【活动 3】Read, tick and group
	8. Read and choose 阅读教材第 34 页游戏图，匹配句型，理解和内化 "Hi/This is ..." "How are you?" "I'm fine." "Touch your ..." "Nice to meet you./Nice to meet you, too." "Goodbye!/Bye." 等核心句型。	【活动 4】Read and choose
	9. Look and say 运用句型 "Look at the ... It's ..." 描述教师设计的字母脸，在实际运用中巩固核心句型。	
Production	**10. Read and draw** 自主阅读文本 "A puppet"，获取文本信息，画一画木偶的字母脸，补全身体部位，综合内化和理解前三个单元所学的单词和核心句型。	【活动 5】Read and draw
Homework	1. Choose one to design. Task 1: Draw a puppet like Puppet A. Task 2: Draw a puppet like Puppet B. 2. Talk about the puppet with your friends. 	

（台州市三门县心湖小学　梅卫峰）

Recycle 1
Period 2

I can get ________ ☆　　□ Great!　□ Good!　□ Try hard!

1 Listen and circle

What's in the schoolbag?

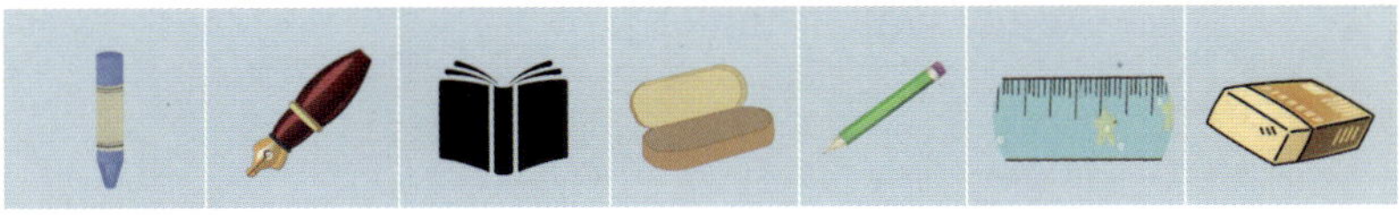

评价标准	完成情况
圈选正确	☆☆☆

2 Match and write

B	c	cat
C	d	dog
D	b	bear
E	g	goat
G	e	elephant

评价标准	完成情况
连线正确	☆☆☆
字母书写正确	☆☆☆
字母书写美观	☆☆☆

3 Read, tick and group

阅读教材第 34 页游戏图，勾选出图中含有的文具、颜色类单词，并根据颜色和文具归类，将相应的字母选项写在四线格内。

□ A. red	☑ B. ruler	□ C. pencil box
□ D. book	□ F. green	□ G. white
□ H. pen	□ I. orange	□ a. blue
□ f. yellow	□ h. crayon	□ i. bag

black	pencil
	B

评价标准	完成情况
勾选正确	☆☆☆
字母书写正确	☆☆☆
字母书写美观	☆☆☆

4 Read and choose

(1) John, touch your nose. ☐	(2) —This is Miss Green. — Good morning, Miss Green. — Good morning. ☐
(3) — Goodbye, Chen Jie. — Bye, Wu Binbin. ☐	(4) — Hi, Zip! How are you? — Very well, thanks. ☐
(5) This is my ear. ☐	(6) — Nice to meet you, Mike. — Nice to meet you, too. ☐

评价标准	完成情况
选择正确	★★★

A 
B 
C 
D 
E 
F 

5 Read and draw

读一读，画一画木偶的字母脸和身体缺失部位。

评价标准	完成情况
作画合理	★★★

A puppet

Hello! I am Kiki. Look at the yellow B. It's an eye. Look at the blue g. It's a mouth. I have a pencil body and a pen arm. I have a crayon leg and an eraser foot, too. Haha! Am I funny?

Unit 4 We love animals

A Let's talk

教学材料分析

本单元围绕“We love animals”这一主题展开，主要教学常见的动物信息。A 部分，通过玩手影游戏和听叫声猜动物游戏的情境，让学生学习目标词汇 pig、bear、cat、duck、dog 和目标句型“What's this?” “It's a ...”，学会运用目标句型来问答近处的动物名称。B 部分，借助马戏团表演和参观动物园的情境，让学生学习目标词汇 zoo、bird、panda、tiger、monkey、elephant 和目标句型“What's that?” “It's a ...”，学会运用目标句型来询问及回答远处的动物名称。本单元的学习有助于学生形成关心爱护周围动物的观念。

学生基础分析

本单元的动物话题与学生生活息息相关。三年级学生接触英语的时间不长，对英语有着强烈的好奇心。通过前三个单元的学习，学生已经学习了一些简单词句，如“I'm ...”“This is ...” “I have a ...”以及文具、身体部位、颜色类基础词汇，可以理解课堂中的简单指令并做出反应。本课是单元起始课，学生将在图片、教师的肢体语言或多媒体课件的辅助下，听懂、读准与单元主题相关的单词和句型，并在语境中进一步感知理解和熟练运用目标语言。

教学设计思路

本节课是兼顾词汇学习的对话课。通过看、听、读、唱、说、演等活动，引导学生在玩手影游戏和听叫声猜动物游戏的情境中，运用目标词汇 duck、dog、bear 和目标句型“What's this?” “It's a ...”谈论近处的动物名称，并不断引导学生加深对“We love animals”这一主题的理解与体会，激发学生关爱动物的情感。

教学目标定位

1. 能做教材中的动物手影 duck、dog、bear，了解英语中部分动物叫声的拟声词。
2. 能理解对话内容，并能用正确的语音语调和情感绘声绘色地朗读对话。
3. 能在手影或者图片的帮助下，在合理的语境中正确运用句型“What's this?” “It's a ...”交流近处的动物。
4. 能感受到动物手影游戏的趣味性，激起关心爱护动物的情感。

板书设计

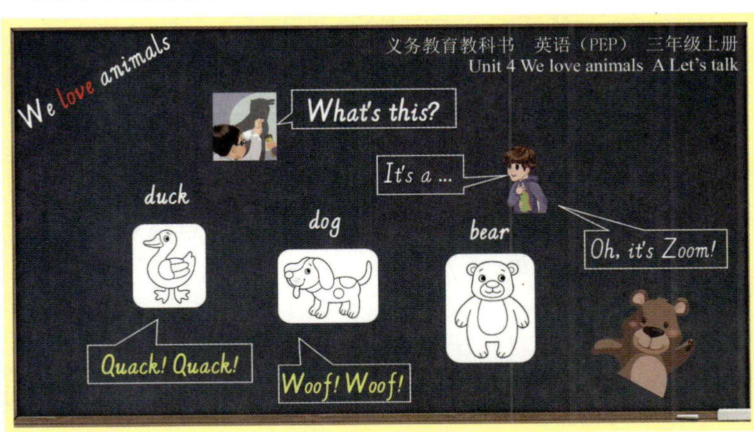

教学过程

教学环节	教学活动	活动单链接
Warming up	**1. Watch and answer** 跟唱单元歌曲“Old MacDonald”。帮助学生复习教材中已出现的动物词汇 dog、duck、pig。 Q: What animals are on Old MacDonald’s farm?	
	2. Look and choose 引出情境“手影游戏”。引导学生看教材图片，猜测对话主题。 Q1: What are they doing? Q2: Making a puppet or making a hand shadow?	【活动 1】Look and choose
Presentation & practice	**3. Watch and tick** 观看第一、二幅图的视频，勾选出现的动物。 Q: What animals do they make?	【活动 2】Watch and tick
	4. Read and choose 再次读前两幅图，完成选择，学习新句型。引导学生关注句子整体认读。 板书目标句型“What’s this? It’s a ...”。	【活动 3】Read and choose
	5. Watch and choose 观看第三、四幅图的视频，圈出正确答案。 Q1: What’s this? A cat or a bear? Q2: Who is it? Is it Zoom or Zip? 引导学生关注图片中的“!”与“?”，体会人物心情。	【活动 4】Watch and choose
	6. Listen and repeat 有感情地模仿录音朗读，配上相应动作。	
	7. Let’s dub 同桌分角色进行配音。	
	8. Let’s act 在教师示范下，同桌两人角色扮演表演对话。	
Production	**9. Listen and guess** 引导学生听动物叫声，猜动物名称，渗透常见动物叫声的英语拟声词：Quack! Woof! Meow! Oink!	
	10. Act and guess 引导学生演一演动物叫声和动作，猜一猜动物名称，并根据标准做出评价。	
	11. Make more hand shadows 观看课外视频，学做更多动物手影。	
Homework	1. Listen and repeat *Let’s talk* 3 times. 2. Finish the workbook. 3. Try to make 2 new animal hand shadows and talk with friends.	

（宁波市北仑区东海实验学校　沈一琼）

Unit 4 We love animals

A Let's talk

I can get ________ ☆ □ Great! □ Good! □ Try hard!

1 Look and choose

评价标准	完成情况
选择正确	☆☆☆

What are they doing?

A. Making a puppet.

B. Making hand shadows(手影).

2 Watch and tick

评价标准	完成情况
勾选正确	☆☆☆

What animals do they make? 他们做了哪些动物的手影呢？

 □
 □
 □
 □

 □
 □
 □
 □

3 Read and choose

☐ ☐

A. It's a cat.	B. It's a duck.
C. It's an ant.	D. It's a dog.

评价标准	完成情况
选择正确	☆☆☆

4 Watch and choose

(1) What's this?

A. It's a cat. B. It's a bear.

(2) Who is it?

A. It's Zoom. B. It's Zip.

评价标准	完成情况
选择正确	☆☆☆

Unit 4 We love animals

A Let's learn

教学材料分析

本单元主要围绕“动物”这一话题展开。本课为 A 部分词汇课，通过手影游戏的情境来教学目标词汇 duck、dog、bear、pig、cat 及核心句型“It's a ...”，主要侧重词汇的认读训练，强化学生听、说、读、写技能的培养。本课歌谣包含了五个动物单词和两个描述性形容词，歌谣每一行中两个句子的韵尾相同，可以初步训练学生利用语音规则拼读新单词的能力。

学生基础分析

学生在第二单元中学习了颜色词汇和“I see ...”句型，在本单元的第一课时中整体感知并学习了核心句型“It's a ...”和词汇 bear、dog、duck。学生能够在情境中运用“What's this?”“It's a ...”对近处不认识的动物或其他事物进行询问、回答，这为本课的学习打下了良好的基础。

教学设计思路

本节词汇课紧扣手影游戏情境，通过听、说、读、连线等活动，让学生对目标语言进行感知、理解与运用。在歌谣环节，通过排序、填空等图文匹配活动，引导学生完成对歌谣意义的理解。最后，引导学生通过语音规则选择合适的词汇写一写、说一说，创编新的歌谣。

教学目标定位

1. 能听、说、认读动物类单词，并能用英文来描述这些动物。
2. 能听懂、会说句子“What's this?”“It's a ...”，并能在真实语境中运用。
3. 能听懂、吟唱歌谣并能在歌谣中找出字母的发音规律。
4. 能运用单词的发音规律创编新的歌谣。

板书设计

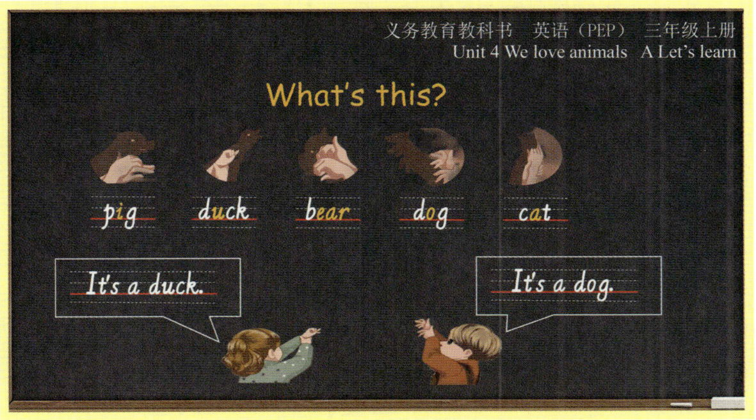

教学过程

<table>
<tr><th>教学环节</th><th>教学活动</th><th>活动单链接</th></tr>
<tr><td rowspan="2">Warming up</td><td>1. Enjoy a hand shadow show
欣赏手影秀，感受手影秀的氛围。</td><td></td></tr>
<tr><td>2. Look and say
出示 Let's talk 中的手影图片，复习所学的词汇和句型，教师板书核心问句 "What's this?" 。
Q: What's this?</td><td></td></tr>
<tr><td rowspan="7">Presentation
&
practice</td><td>3. Listen and tick
呈现课文图片，引出 Sarah 在玩手影游戏的情境，将单元主情景图中的句子和 Let's talk 中的句子整合成一个听力语段，学生听后圈出听到的动物，然后在校对答案的过程中整体推进词汇学习。
Q: What animals are they talking about?</td><td>【活动 1】Listen and tick</td></tr>
<tr><td>4. Watch and imitate
观看视频，模仿朗读课文录音。</td><td></td></tr>
<tr><td>5. Ask and answer
同桌两人边做手影边问答 "What's this?" "It's a ..." ，进一步操练、巩固核心词汇和句型。</td><td></td></tr>
<tr><td>6. Read and match
呈现多个不同颜色的动物图片，让学生看图、读短语，把图片与对应的短语连线，然后同桌进行问答练习并校对答案。</td><td>【活动 2】Read and match</td></tr>
<tr><td>7. Listen and number
整体呈现歌谣图片，在没有文字说明的情况下让学生听录音，给图片排序。</td><td>【活动 3】Listen and number</td></tr>
<tr><td>8. Listen, read and write
将歌谣中动物词汇挖空，播放歌谣录音，引导学生根据字母发音规则将单词补充完整。</td><td>【活动 4】Listen, read and write</td></tr>
<tr><td>9. Watch and chant
跟着教材视频说唱歌谣，小组自主练习后进行表演展示。</td><td></td></tr>
<tr><td>Production</td><td>10. Make a new chant
呈现一些动物的图片，让学生选择图片，并在每一行的句子中填入两个含有相同发音的单词，创编一个新的歌谣。</td><td>【活动 5】Make a new chant</td></tr>
<tr><td>Homework</td><td colspan="2">1. Read the chant correctly and fluently.
2. Finish the workbook page 28.
3. Make a new chant and share it with others.</td></tr>
</table>

（衢州市开化县天地小学　周显辉）

Unit 4 We love animals

A Let's learn

I can get ______ ☆ ☐ Great! ☐ Good! ☐ Try hard!

1 Listen and tick

What animals are they talking about?

评价标准	完成情况
勾选正确	☆☆☆

 ☐

 ☐

 ☐

 ☐

 ☐

2 Read and match

评价标准	完成情况
连线正确	☆☆☆

 a yellow duck

 a brown bear

 a white dog

 a black pig

 an orange cat

3 Listen and number

○ ○ ○ ○ ○

评价标准	完成情况
排序正确	★★★

4 Listen, read and write

Look at the c_t. It is fat.

Look at the p_g. It is big.

Look at the d_g. It's on the log.

Look at the _uck. It's in the truck.

Look at the _ear. It's on the pear.

评价标准	完成情况
单词拼写正确	★★★
字母书写正确	★★★

5 Make a new chant

Tip：每一行中填入的两个单词含有相同的发音。

Look at the ________. It's on the ________.
Look at the ________. It's in the ________.
Look at the ________. It is ________.
Look at the ________. It is ________.
Look at the ________. It is ________.
Oops, funny, funny, funny!

评价标准	完成情况
单词选择合理	★★★
单词书写正确	★★★
朗读语言流畅	★★★

参考要点
★ bear, dog, pig, duck, cat, fox
★ sock, box, pear
★ funny, black, fat, pink, big

Unit 4 We love animals

A Letters and sounds

教学材料分析

本单元的教学内容是动物。A 部分，借助情境手影游戏，让学生学习目标词汇 pig、bear、cat、duck、dog 和目标句型“What's this?”“It's a duck.”，学会问答近处不认识的动物（或其他事物）的名称。B 部分，借助情境马戏表演，让学生学习目标词汇 elephant、monkey、bird、tiger、panda、zoo 和目标句型“What's that?”“It's a duck.”，学会问答远处不认识的动物（或其他事物）的名称。此外，学会用“Cool! I like it.”表达赞美或欣赏。

学生基础分析

三年级学生作为小学阶段的英语初学者，对英语学习充满着好奇与热情。在本课时之前，学生已经掌握了字母 Aa—Ii。此外，在前几个单元中，学生也已经学习了一些日常用语，如“This is ...”“What's this?”“It's a ...”“How are you?”“I'm fine, thank you.”等。

教学设计思路

针对三年级学生思维活跃、积极参与、求知欲强的特点，教师将字母拟人化，设计了各种高效有趣的学习活动，尽可能多地为学生创设开口表达的机会。同时，字母教学既要扎实有效，又要活泼有趣，使得学生在轻松愉快的氛围中学习字母的听、说、读、写四项技能。

教学目标定位

1. 能听、说、读、写字母 Jj、Kk、Ll、Mm、Nn 并知道其作为单词首字母时的发音。
2. 能说出字母对应的发音。
3. 能建立单词音、义、形之间的联系，整体学习单词。
4. 能在合理的语篇中正确书写字母并运用与其相关的单词。
5. 具备热爱动物、保护动物的意识。

板书设计

教学过程

教学环节	教学活动	活动单链接
Warming up	**1. Enjoy a song** 跟唱课外歌曲“The phonics zoo”。 Q: What's the song about?	
	2. Sharp eyes 借助“亮眼睛”小游戏来找一找不同的字母，最后将每一行找出来的字母组成单词 friend，从而引出本课标题“Letter friends”。	
Presentation & practice	**3. Act and answer** 以角色扮演的形式来介绍字母。教师扮演 Zoom，邀请一位同学扮演 Zip，其他同学扮演字母。通过 Zoom 的介绍，引出其他的 letter friends（Jj, Kk, Ll, Mm, Nn）。引导 Zip 和字母们相互打招呼、问候。最后跟读字母的发音。	
	4. Listen and choose 帮助大小写字母找到自己的家。播放录音，填写大写字母的序号；同桌讨论，填写小写字母的序号。	【活动 1】Listen and choose
	5. Let's write 帮助字母在房子上写上名字，完成大小写字母的书写。	【活动 2】Let's write
	6. Watch and learn 观看 Letters and sounds 的完整动画。	
	7. Think and say 出示教材动画中的单词，总结字母发音。	
	8. Think and chant 教师以 Jj 为例，引导学生用教材上的单词创编歌谣。学生跟着节奏，完成“Jj、Kk、Ll、Mm、Nn”课内歌谣的创编。	
	9. Make a new chant 以四人小组为单位，进行头脑风暴，说出其他 Jj、Kk、Ll、Mm、Nn 开头的单词。然后创编新的字母歌谣。	【活动 3】Make a new chant
Production	**10. Ask and answer** 呈现 Zoom 和 Zip 去动物园参观的场景，引导学生运用句型“What's this/that?”进行问答。	
	11. Listen and circle 播放语篇音频，让学生为动物选择正确的开头字母。	【活动 4】Listen and circle
	12. Listen and write 播放语篇音频，让学生在语篇中书写正确的字母。	【活动 5】Listen and write
	13. Let's act 表演语篇对话。	【活动 6】Let's act
Homework	1. Listen and read *Letters and sounds* on the textbook page 40. 2. Read the passage and try to act it out. 3. Find out more words with Jj, Kk, Ll, Mm, Nn.	

（杭州市学军小学教育集团紫金港小学　何铭之）

Unit 4 We love animals

A Letters and sounds

I can get ________ ☆　　□ Great!　□ Good!　□ Try hard!

1 Listen and choose

(1) K　(2) M　(3) J　(4) L　(5) N

① l　② j　③ n　④ k　⑤ m

评价标准	完成情况
大写字母选择正确	☆☆☆
小写字母选择正确	☆☆☆

2 Let's write

书写范例：Jj Kk Ll Mm Nn

评价标准	完成情况
字母书写正确	☆☆☆
字母书写美观	☆☆☆

3 Make a new chant

寻找更多的单词创编歌谣，以四人小组为单位讨论。

___, ___, ___.
___ for ______.
___ for ______.

评价标准	完成情况
正确性	☆☆☆
有创意	☆☆☆
节奏感	☆☆☆

4 Listen and circle

评价标准	完成情况
圈选正确	★★★

_angaroo	_ish	_ion	_onkey	_ird
(h k)	(t f)	(l i)	(m n)	(b d)

5 Listen and write

评价标准	完成情况
字母选择正确	★★★
字母书写正确	★★★
字母书写美观	★★★

书写范例：a b c d e f g h i j k l m n

A _angaroo can _ump. — I can _ump, too.

A _ish can swim. — I can swim, too.

A _ion can run. — I can run, too.

A _onkey can climb. — I can climb, too.

A _ird can fly. Can you fly? — Oh _o, I can't fly.

6 Let's act

两人一组，表演以上对话。

评价标准	完成情况
语句表达正确	★★★
语音语调优美	★★★
动作表情丰富	★★★

Unit 4 We love animals

B Let's talk

教学材料分析

本单元教学主要围绕“动物”展开。A 部分，借助玩手影游戏的情境，引导学生学习运用指示代词 this 对近处的动物进行问答，并感受玩中学英语的快乐氛围。B 部分，迁移至马戏团场景，主要让学生学习运用指示代词 that 对远处的动物进行问答，用 funny、cool 等简单的语言描述动物，并用 like 表达对动物的喜爱之情。

学生基础分析

学生在 A 部分的对话课中学习了用“What's this?”“It's a/an ...”对近处的动物进行问答，对动物单词有了语言和认知基础。B 部分转换场景，延续询问话题，学生有能力理解并运用“What's that?” “It's a/an ...”对远处的动物进行问答，并能通过语境中动物位置的远近对比，加深对 this 和 that 用法的理解。

教学设计思路

本节课是听、说、玩、演相结合的对话课。热身导入环节，通过听音做动作、根据动作相互猜测以及吟唱歌曲等活动，激活相关旧知，同时融入新授内容。新授环节，学生通过观看视频获取“马戏团”信息，通过读图、听录音，学习理解 Mike 和妹妹的对话内容，以及指示代词 this 和 that 的区别，继而通过说、读、演等活动谈论舞台上的动物。拓展环节，学生先选句子完成 Let's talk 拓展对话，后迁移场景谈论橡皮泥动物，巩固运用本单元核心句型，并激活前三单元相关句型，实现语言能力的螺旋上升。

教学目标定位

1. 能理解 Mike 和妹妹观看马戏表演的对话大意，在语境中理解词汇 funny、cool、like 的意思并正确发音。
2. 能用正确的语音语调朗读、模仿并表演对话。
3. 能根据远近不同，区分指示代词 this 和 that 的用法。
4. 能在语境中运用“What's this?”和“What's that?”谈论动物，表达对动物的喜爱之情。

板书设计

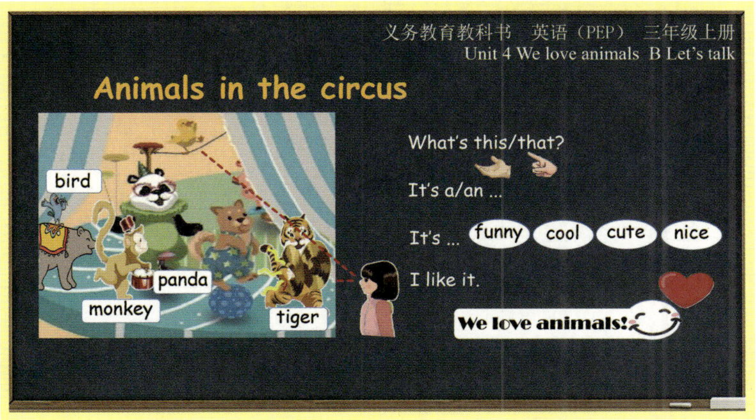

教学过程

教学环节	教学活动	活动单链接
Warming up	**1. Let's do** 播放 Let's do 录音，初步感知相关单词。	
	2. Do, ask and answer 复习 A 部分核心句型及动物单词。 What's this? It's a/an ...	
	3. Sing and tick 播放课外歌曲 "They are in the zoo"。 Q: What animals do you hear in the song?	【活动 1】Sing and tick
	4. Think and say 引导学生区分动物园和农场里的动物。 Q: What other animals are in the zoo?	
Presentation & practice	**5. Watch and tick** 播放 Let's talk 无字幕视频。 Q1: Where are Mike and his sister? Q2: What animals are they talking about?	【活动 2】Watch and tick
	6. Guess and say 猜测 Mike 和妹妹进入马戏团谈论的第一个动物，引导学生关注猜测的语气和语调。 Q: What's that? A ...?	
	7. Listen and choose 引导学生读图后，再播放教材录音。 Q1: What's that? Q2: How is the dog?	【活动 3】Listen and choose
	8. Talk about the animals 引导学生看马戏舞台，运用常用表达法 "Look! A ... Cool! I like it." 谈论舞台上的动物。 Q: What animals do you like?	
	9. Look and discuss 引发学生思考并探讨 this 和 that 的区别。 Q: Why "that"?	
	10. Watch and repeat 观看教材视频并跟读。	
	11. Peer reading 引导学生开展两人小组活动，关注 "A bear?" 的升调。	【活动 4】Peer reading
	12. Role-play 两人一组进行角色扮演，表演对话。	
Production	**13. Read and choose** 引导学生仔细观察情景图，选择正确的句子完成对话。	【活动 5】Read and choose
	14. Watch and talk 播放单元主情景图视频，引导学生运用所学语言谈论橡皮泥动物，进行对话创编。	
	15. Think and discuss 探讨马戏表演这一事件的合理性。	
Homework	1. Listen and repeat *Let's talk* 3 times. 2. Finish the workbook page 30. 3. Make an animal and talk about it.	

（舟山市岱山县高亭小学　顾乾乾）

Unit 4 We love animals

B Let's talk

I can get ________ ☆　　□ Great! □ Good! □ Try hard!

1 Sing and tick

What animals do you hear in the song?

评价标准	完成情况
勾选正确	☆☆☆

□ dog　　□ tiger

□ pig　　□ panda

□ bird　　□ monkey

□ duck　　□ elephant

2 Watch and tick

评价标准	完成情况
勾选正确	☆☆☆

(1) Where are Mike and his sister?

A. At the zoo.　B. In the circus.

(2) What animals are they talking about?

A. pig　B. bird　C. tiger

D. dog　E. panda　F. monkey

G. duck　H. bear　I. elephant

3 Listen and choose

评价标准	完成情况
选择正确	☆☆☆

(1) — What's that?

— ______

A. It's a bear.　　B. It's a panda.

(2) — How is the dog?

— ______

A. It's funny and cool.　B. It's brown and nice.

4 Peer reading

操作要点 两人小组开展活动，一人分饰 Mike、Mike's sister 进行对话朗读，另一人认真倾听后完成评价并提出改进建议，随后两人互换任务。

评价标准	完成情况
语句表达流利	★★★
语音语调正确	★★★
动作表情丰富	★★★

5 Read and choose

A: Look! ______
B: Yes, it's a pig.
A: Wow, so funny! And ______
B: A bird?
A: ______
B: ______

A. what's that?
B. Is this a pig?
C. Cool! I like it.
D. No! It's a duck.

评价标准	完成情况
选择正确	★★★

Unit 4 We love animals

B Let's learn

教学材料分析	本单元主要谈论动物。A 部分，以手影和声音模拟为媒介资源谈论动物，让学生学习 "What's this?" "It's a/an ..." 的问答形式，体验用手影和声音模仿动物的乐趣。B 部分 Let's talk，让学生学习 "What's that?" "It's a/an ..." 的问答形式，介绍、模仿动物并表达自己对动物的喜爱之情。本课教学内容是 B 部分 Let's learn，是词汇课。
学生基础分析	在本课之前，学生已经掌握了一些关于动物的单词和询问动物的语言，如 panda、elephant、"What's that?" "It's a duck." 等。本课时在此基础上，引导学生学习更多有关动物的单词。大部分学生都有参观动物园的经历，可紧扣动物园场景进行教学，使学生既能感受到有意义的词汇学习，又能跟自身的生活经历建立联系。
教学设计思路	本节课是词汇课。通过看、听、说、模仿等方式，在动物园的情境中，帮助学生学习并运用核心词汇 zoo、panda、tiger、elephant、monkey、bird 和目标句型 "What's that?" "It's a/an ...", 与同伴交流并表达自己对动物的喜好，激发学生热爱动物的情感。
教学目标定位	1. 能理解小语篇，并能在语境中听、说、认读单词 zoo、bird、panda、tiger、elephant、monkey。 2. 能在情境中正确运用句型 "What's that?" "It's a/an ..." 和同伴交流动物，并表达自己对动物的喜好。 3. 能运用核心词汇和句型，完成语篇书写并介绍动物。 4. 乐于和同伴交流合作，积极参与课堂学习，产生热爱动物的情感。
板书设计	

教学过程

教学环节	教学活动	活动单链接
Warming up	**1. Enjoy a song** 跟唱课外歌曲“Let’s go to the zoo”，引出“Animals”。	
	2. Watch and tick 再次观看歌曲视频，勾选出看到的动物。 Q: What animals do you see in the song?	【活动 1】Watch and tick
	3. Play a game 头脑风暴，学生两人一组比赛说动物单词，激活更多动物单词，铺垫新知。	
Presentation & practice	**4. Let’s watch and do** 呈现 Animal Show 的图片，播放 Let’s do 视频，学生模仿，初步感知本课新词 elephant、monkey、bird、monkey、tiger。	
	5. Listen and choose 引出 Zoom 和 Zip 正在用望远镜远观动物的情境。 (1) 听前读题干，感知 elephant、monkey、tiger。 (2) 播放本课对话音频，学生选出 Zoom 和 Zip 正在谈论的动物。	【活动 2】Listen and choose
	6. Read and tick 呈现动物园关于 Animal Show 的海报，引出其他动物。 (1) 引导学生读海报，勾选其中出现的动物。 (2) 板贴核心词，示范书写。	【活动 3】Read and tick
	7. Read it better (1) Let’s listen 学生听音，关注语音语调。 (2) Listen and imitate 学生听录音并模仿跟读。 (3) Role-play 学生进行角色扮演。	
	8. Look, read and choose 呈现单元主情景图，引出孩子们用黏土制作动物的情境，学生给图片选择对应的句子。	【活动 4】Look, read and choose
	9. Make a new dialogue 两人合作，询问、谈论单元主情景图里孩子们制作的动物，同时表达喜好，可参考如下对话框架： A: What’s this/that? B: It’s a/an ... It’s yellow/blue/funny ... A: Cool! I like it!/ ...	
Production	**10. Look , write and say** 学生选择 1—2 种动物，补全单词。引导学生在四线格中规范书写字母，并简单介绍动物。	【活动 5】Look, write and say
Homework	1. Listen and repeat *Let’s learn* & *Let’s do* 3 times. 2. Finish the workbook page 31. 3. Search for more words about animals and take notes of them.	

（温州市瓯海区实验小学集团学校　季胜慧）

Unit 4 We love animals

B Let's learn

I can get ________ ★ ☐ Great! ☐ Good! ☐ Try hard!

1 Watch and tick

What animals do you see in the song?

☐  bird ☐  monkey ☐  tiger ☐  panda

☐  elephant ☐  kangaroo ☐  penguin ☐  polar bear

评价标准	完成情况
勾选正确	★★★

2 Listen and choose

Zoom 和 Zip 在谈论什么动物呢？

What are they talking about?

A. A monkey.

B. An elephant.

C. A tiger.

评价标准	完成情况
选择正确	★★★

3 Read and tick

读一读动物海报，勾选出现的动物哦！

Who are they?

monkey	☐	kangaroo	☐
bird	☐	tiger	☑
bear	☐	elephant	☐
panda	☐	penguin	☐

评价标准	完成情况
朗读正确	★★★
勾选正确	★★★

4 Look, read and choose

评价标准	完成情况
选择正确	☆☆☆

(　　)

(　　)

(　　)

(　　)

(　　)

A. — What's this?
　— It's an orange bear.

B. — Look, a panda!
　— Look, Zoom!

C. — What's that?
　— It's a brown elephant.

D. — I have a brown duck. What's that?
　— It's a green bird.

E. — Look, a green tiger and a yellow dog!
　— Cool! And this is a purple monkey.

5 Look, write and say

评价标准	完成情况
书写正确	★★★
朗读流利	★★★

Look at the monkey.
It's funny.
Cool! I like it.

Look at the p_nda.
It's cute.
Cool! I like it.

Look at the ti_er.
It's orange.
Cool! I like it.

Look at the _ird.
It's blue.
Cool! I like it.

Look at the _lephant.
It's big.
Cool! I like it.

We love animals!

参考要点
★ black, red, orange, green, brown, yellow, blue, ...
★ fat, long, big, small(小的), funny, ...

Unit 4 We love animals

B Start to read

教学材料分析

本单元的教学内容是动物。A 部分，借助手影游戏，让学生学习目标词汇 pig、bear、cat、duck、dog 及用目标句型“What’s this?” “It’s a/an ...”询问并回答近处是什么动物。B 部分，借助马戏团和动物园的表演，让学生学习目标词汇 zoo、bird、tiger、panda、monkey、elephant 及用目标句型“What’s that?” “It’s a/an ...” 询问并回答远处是什么动物。通过本单元的学习，培养学生珍爱动物的美好情感。

学生基础分析

本单元主要谈论动物，本课为第六课时。学生已经学习了 pig、bear、cat、duck、dog、tiger、monkey、elephant 等动物词汇，“What’s this/that?” “It’s a/an ...”等句型以及用 funny、cool 等形容词来描述动物特征。在第二、三单元，学生分别学习了颜色和身体部位单词。本课时，学生将在马戏团这一情境中，落实动物单词，认读字母 Jj—Nn 并操练核心句型。

教学设计思路

本课时沿用 Let’s talk 中 Mike 及其 sister 观看动物表演并谈论动物的语境，通过 Wu Binbin 和 Zip 玩字母游戏、认读不同字体的动物名字牌、书写本单元核心字母以及用所学字母补全动物身体部位并对动物进行介绍等活动，落实字母和动物单词的认读以及核心句型的操练。

教学目标定位

1. 能熟练认读字母 Jj—Nn，并在四线格上正确书写。
2. 能认读不同字体的动物单词 cat、dog、pig、bird、monkey、elephant。
3. 能运用本单元“It’s a/an ...” “Look at the ...” “I see ...” “It’s/They’re ...”等核心句型进行表达。
4. 能养成同桌及小组合作、仔细观察和规范书写字母的习惯。

板书设计

教学过程

教学环节	教学活动	活动单链接
Warming up	**1. Enjoy a song** 跟唱课外歌曲“ABC song”，学生整体感知 26 个英文字母，并激活已经具备的字母板块的知识。	
	2. Look and say 逐一呈现字母，学生说出看到的字母。 T: What letters do you see? S: I see a big/small letter ... (A n i m a l)	
	3. Peer reading 跟同桌说说看到的字母。 S1: What letters do you see? S2: I see a big letter ... I see a small letter ...	【活动 1】Peer reading
Presentation & practice	**4. Read and write the number** 出示 Read and count 图片，学生辨认动物单词并写出相应的单词数量。	【活动 2】Read and write the number
	5. Read, choose and write 出示不同字体的动物单词，学生认读单词并匹配相应的动物图片。	【活动 3】Read, choose and write
	6. Act and say 跟随 Let's do 动画，动一动，演一演，说一说。	
	7. Look and say 出示 Find and say 图片，师生问答看到的字母及其颜色。 T: What letters do you see? S: I see a big/small letter ... T: What colour is it? S: It's ...	
	8. Read and choose 出示 Find and say 图片，学生选出图片所含的字母。	【活动 4】Read and choose
	9. Look, read and write 出示 Find and say 图片，学生在四线格上书写大小写字母，在括号内写上字母个数。	【活动 5】Look, read and write
Production	**10. Enjoy a video** 欣赏动物字母画视频，观察如何用字母画动物，教师作小结：Letters are everywhere。	
	11. Look, read and write 学生看小猪动物字母图，用字母填空，完成小语篇。	【活动 6】Look, read and write
	12. Draw and say 学生用字母补全动物的身体部位并进行介绍。	【活动 7】Draw and say
Homework	1. Write letters Jj – Nn on your exercise book. 2. Hunt for more letters in our life and draw them down on your notebook.	

（温州华和外国语学校　王珍）

Unit 4 We love animals

B Start to read

I can get ________ ☆　　□ Great! □ Good! □ Try hard!

1 Peer reading

跟同桌说说看到的字母，请同桌在右侧表格中完成对你的评价。

评价标准	完成情况
回答准确、流利	☆☆☆
字母说得越多越好	☆☆☆

I see a big letter ______.

I see a small letter ______.

2 Read and write the number

认读动物单词，写出相应的单词数量。

评价标准	完成情况
数量填写正确	☆☆☆

3 Read, choose and write

 ____  ____  ____  ____  ____

 ____  ____  ____  ____

A. pig B. bird C. cat D. DOG E. elephant

F. panda G. monkey H. duck I. tiger

评价标准	完成情况
动物单词选择正确	★★★
字母书写正确、规范	★★★

4 Read and choose

A. Bb, Nn, Kk, Ll, Mm

B. Ee, Nn, Jj, Dd, Aa

C. Jj, Ll, Nn, Kk, Mm

评价标准	完成情况
选择正确	★★★

5 Look, read and write

看课文图片，正确书写字母及其数量。

J				
(2)	( )	( )	( )	( )
j				
(2)	( )	( )	( )	( )

评价标准	完成情况
字母书写正确、规范	★★★
字母个数正确	★★★

6 Look, read and write

It's a p____g. It is fat.

Look at the nose.

It's a big letter ____. It's red.

Look at the ear.

It's a big letter ____. It's brown.

Look at the tail.

It's a small letter ____. It's black.

Look at the feet.

They're ____. They're green.

Can you draw a funny letter animal?

评价标准	完成情况
字母书写正确	★★★
字母书写美观	★★★
朗读准确、流利	★★★

7 Draw and say

用字母补全动物的身体部位，设计动物图片，并进行介绍。

monkey

tiger

frog

A: It's a/an ... It's ...

B: Look at the ...

C: It's a big/small letter ...

D: It's ...

...

评价标准	完成情况
设计合理、有创意	★★★
表达准确、有逻辑	★★★

参考要点

★ monkey, tiger, frog, ...
★ tall, short, big, small, funny, cute, ...
★ ear, nose, eye, mouth, body, ...
★ red, green, blue, brown, ...

Unit 4 We love animals

C Story time

教学材料分析

本单元主要围绕“动物”这一话题，以 A 部分看手影猜动物和 B 部分观看马戏团动物两个子话题展开。A 部分通过手影游戏，让学生根据轮廓猜测模仿的动物，学习动物词汇的表达；B 部分借助观看马戏团表演这一情境，让学生从远近两个角度谈论看到的动物并模仿表演。本课时是 C 部分，故事内容是 Zoom 邀请 Dog、Duck、Pig、Rabbit 到他家里玩，但中途朋友们却被 Zip 诱惑，离开 Zoom 转而跟随 Zip。学生在故事阅读中获取动物名单、队列顺序、突然变故等信息，理解故事内容，揣摩故事角色的心理，然后合理创编故事结局，感受与朋友友好相处的乐趣。

学生基础分析

本单元学习的“动物”话题贴近学生生活。通过 A、B 部分对话、词汇的学习，学生已基本掌握动物的相关表达，并能够运用句型“What’s this/that?” “It’s a/an ...”进行关于动物的询问和回答。三年级学生乐于模仿，喜欢表演，在教学中应引导学生通过观察图片获取故事信息，促进发散性思维、批判性思维、创新性思维品质的提升，在故事阅读中应注重阅读策略和方法的培养。

教学设计思路

本节课是以看、听、说、演为主的故事课。“故事前”环节，通过歌曲导入，调动学生学习的积极性；通过头脑风暴游戏，激活关于动物的旧知；通过观察图片，帮助学生了解故事发生的背景 Zoom wants to invite friends，初步感知主题。“故事中”环节，让学生通过观看视频，理清 Zoom 遇到的动物朋友；通过观察教材插图，梳理故事情节，提炼出“Who follows Zoom?”这一线索；通过模仿表演，体验动物的个性特点；通过队列顺序的变化，找寻发生变故的原因，挖掘主题意义。“故事后”环节，让学生在选择、模仿、表演等多项任务中体验故事角色，根据 Zoom 和 Zip 的个性特点续编故事，自主设计故事结局，深入主题，引导学生树立正确的人际交往观，内化主题意义。

教学目标定位

1. 能在故事情境中理解 follow、carrot 等单词及故事大意。
2. 能模仿录音，用正确的语音语调生动地朗读故事。
3. 能通过观看视频、观察图片等方式，了解队列变化，并借助板书复述故事，完整表演故事，合理创编故事结局。
4. 能在故事中体验和感受动物朋友间的乐趣，形成与朋友友好相处的意识。

板书设计

教学过程

教学环节	教学活动	活动单链接
Warming up	**1. Let's sing** 跟唱单元歌曲"Old MacDonald"。 Q: What animals do you see in the song?	
Pre-reading	**2. Brainstorm** 向同伴模仿更多的小动物。 Q: What other animals do you know?	
	3. Look and say 了解故事发生的背景。 Q: Who is he? What will he do?	
While-reading	**4. Watch and tick** 观看故事视频，选一选 Zoom 遇到的动物朋友。 Q: Who does Zoom meet?	【活动 1】Watch and tick
	5. Listen and circle 听录音，圈出正确的队列顺序。 Q: Who follows Zoom?	【活动 2】Listen and circle
	6. Let's predict 猜测 Zoom 会怎样邀请动物 Pig。 Q: What will they say?	
	7. Let's read 跟读故事图 1 至图 4 的录音。	
	8. Mini show 小组合作，角色扮演。	
	9. Look and say 观察 Zoom 的表情变化，推测 Zoom 情绪变化的原因。 Q: How does Zoom feel? Can you guess what happened?	
	10. Look and guess 猜一猜 Zip 会说什么。 Q: What will Zip say?	
	11. Watch and find out 观看视频，找出 Rabbit 跟随 Zip 的原因。 Q: Why does Rabbit follow Zip?	
	12. Let's think 想一想聪明的 Zip 会想出什么好主意吸引其他小动物。 Q: What will smart Zip say to other animals?	
	13. Let's discuss 对 Zip 进行评价并分享交流。 Q: What do you think of Zip?	
	14. Listen and imitate 模仿跟读故事。	
	15. Peer reading 两人一组开展活动，一人分饰故事中的各个角色，有感情地分角色朗读，另一人认真倾听后完成评价并提出改进建议，随后两人互换任务。	【活动 3】Peer reading
Post-reading	**16. Read and choose** 读句子，将句子和人物进行匹配。	【活动 4】Read and choose
	17. Let's act 续编并表演故事。 Q: What will Zoom say to the friends? Will they follow him? Make a new ending with your partners.	【活动 5】Let's act
Homework	1. Read the story correctly and fluently. 2. Act out the story with your partners. 3. Make a new ending for the story.	

（湖州市织里实验小学教育集团　朱玲）

Unit 4 We love animals
C Story time

I can get ________ ☆　　□ Great! □ Good! □ Try hard!

1 Watch and tick

Zoom wants to find friends to play with.
Who does Zoom meet?

评价标准	完成情况
勾选正确	★★★

2 Listen and circle

Who follows Zoom?

A. 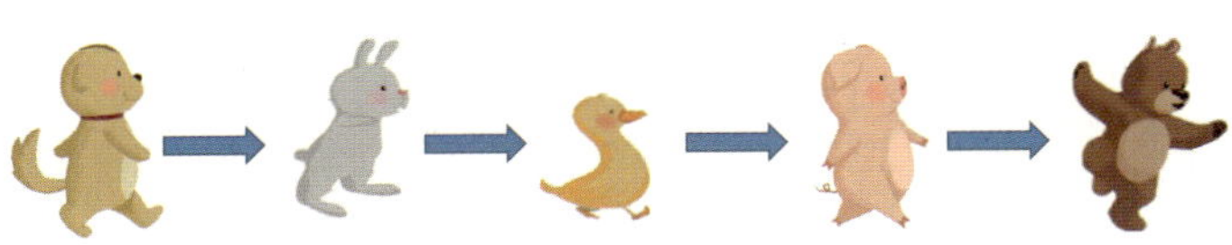

B. 

评价标准	完成情况
圈选正确	★★★

3 Peer reading

操作要点　两人一组开展活动，一人分饰故事中的各个角色进行故事朗读，另一人认真倾听后完成评价并提出改进建议，随后两人互换任务。

评价标准	完成情况
语音语调自然	★★★
升降调模仿正确	★★★
按角色朗读到位	★★★

4 Read and choose

What are they saying?

A. Hello, Duck! Follow Zoom! Follow Pig! Follow me!
B. I have a carrot. Follow me!
C. Hello, Rabbit! Follow Zoom! Follow Pig!
Follow Dog! Follow me!

评价标准	完成情况
选择正确	★★★

5 Let's act

Zoom is alone. What will he say to the friends? Will they follow him? Make a new ending with your partners.

评价标准	完成情况
语音语调正确	★★★
故事演绎生动	★★★
续编富有创意	★★★

参考要点

★ fish, worm, bone, meat, car, apple, ...
★ I have ... Follow me.
★ OK. Let's play together.
★ Oh, no, my friends. Follow me, please.

Unit 5 Let's eat!

A Let's talk

教学材料分析

本单元主要围绕“食物”这一话题展开。A 部分，以 Mike、Sarah 和妈妈在家吃早餐为情境，呈现核心句型“I'd like some ...”“Have some ...”，帮助学生学习如何有礼貌地与家人一起用餐。B 部分，以郊外野餐和餐厅用餐为情境，呈现核心句型“Can I have some ..., please?”“Here you are.”，帮助学生学习如何进一步询问及回答想吃什么食物，并能与他人分享美食。本课时为 A 部分对话课，对话内容为 Mike 和妈妈在家吃早餐，Mike 主动表达自己想吃什么食物，妈妈给出用餐建议，以此引导学生学会礼貌表达用餐意愿，积极回应家人的用餐建议，感受家的温馨。

学生基础分析

本单元的学习主题与学生生活息息相关。本节课中，学生需要感知理解目标句型“I'd like some ..., please.”“Have some ...”，并学会在语境中熟练运用句型和早餐词汇 bread、egg、juice、milk 进行交流。三年级学生乐于模仿，喜欢表演，在教学中应注重引导学生进入对话情境，通过观察图片获取对话的完整信息。本课难点在于三年级学生刚接触英语不久，词汇量少，在自由输出时会存在表达受限问题，需要教师做好铺垫与引导，鼓励学生自由表达真实想法。

教学设计思路

本节课是以句型为主，兼顾核心词汇的对话课。基于教材解读，教师提炼本课主题为“Mike's breakfast”。“对话前”环节，通过歌曲导入，让学生初步感知“食物”话题，激活思维；“对话中”环节，依托 Mike 和妈妈共进早餐的情境，通过读图预测、倾听感知、观看视频、朗读模仿等方式，帮助学生理解对话内容；“对话后”环节，从文本语境走入真实生活语境，通过情景演绎补全对话，实现真实的交流。

教学目标定位

1. 能理解 Mike 和妈妈关于早餐的对话大意，在语境中理解 bread、egg、juice、milk 的意思。
2. 能按照正确的意群及语音语调朗读并表演对话。
3. 能在情境中运用句型“I'd like some ..., please.”“Have some ...”表达用餐意愿，为家人提供用餐建议。
4. 能初步了解中西方早餐文化的异同，体会家的温馨。

板书设计

教学过程

教学环节	教学活动	活动单链接
Warming up	**1. Let's sing** 跟唱课外歌曲 "Food"。	
	2. Watch and tick 观看歌曲视频，选出歌曲中出现的食物。 Q: What food do you see in the song?	【活动 1】Watch and tick
Presentation & practice	**3. Look and say** 看教材插图，说一说 Mike 和妈妈餐桌上的食物。 Q: What food do you see on the table?	
	4. Let's predict 猜一猜 Mike 早餐想要吃什么和妈妈建议他吃的食物。	
	5. Listen and choose 听录音，选择 Mike 喜爱的早餐食物和妈妈建议 Mike 吃的食物。	【活动 2】Listen and choose
	6. Let's check 听录音，核对答案。	
	7. Watch, read and circle 观看视频，观察插图，圈出 Mike 吃的早餐食物。 Q: What does Mike have for breakfast?	【活动 3】Watch, read and circle
	8. Listen and imitate 听录音，模仿跟读。	
	9. Peer reading 学生两人一组，模仿朗读并互评。	【活动 4】Peer reading
	10. Let's role-play 角色扮演。	
	11. Think and discuss 读对话，说一说 Mike 的品质。 Q: What do you think of Mike?	
	12. Talk in pairs 思考 Mike 会建议妈妈吃什么，和同伴演一演 。 Q: What will Mike share with Mum?	
	13. Think and say 想一想 Mike 和妈妈吃的早餐类型。 Q: What kind of breakfast do they have?	
	14. Good to know 了解中西方早餐文化差异。	
	15. Let's play 小组以"滚雪球"的形式，运用"I'd like ..."说一说自己想要吃的食物。	
Production	**16. Read and choose** Li Hong 正在和家人吃早餐，他们之间会发生怎样的对话呢？阅读语篇，根据上下文内容，选择合适的语句填入对话中。	【活动 5】Read and choose
	17. Let's act 同桌合作，演一演 Li Hong 和家人一起吃早餐的情景。	
Homework	1. Listen and repeat *Let's talk* & *Let's play* 3 times. 2. Finish the workbook. 3. Make a new dialogue with your partner.	

（湖州市吴兴区教育局教学研究与培训中心　郭美阳）

Unit 5 Let's eat!

A Let's talk

I can get ________ ★ □ Great! □ Good! □ Try hard!

1 Watch and tick

What food do you see in the song?

评价标准	完成情况
勾选正确	★★★

□ milk □ bread □ cake

□ pizza □ egg □ sandwich

2 Listen and choose

Mike and Mum are having breakfast(吃早餐).

评价标准	完成情况
选择正确	★★★

I'd like some ______, please.

Have some ______, too.

A. juice B. milk C. bread D. eggs

3 Watch, read and circle

What does Mike have for breakfast?

评价标准	完成情况
圈选正确	★★★

4 Peer reading

操作要点 两人一组开展活动，一人分饰 Mike 和妈妈进行对话朗读，另一人认真倾听后完成评价并提出改进建议，随后两人互换任务。

评价标准	完成情况
语音语调正确	★★★
角色模仿到位	★★★

5 Read and choose

(Li Hong is having breakfast with her family.)

Li Hong: Good morning, Mum and Dad.

Mum & Dad: Good morning.

Li Hong: I'm hungry(饿了). ___________

Mum: Here you are. ___________

Li Hong: Thanks. Wow, *jiaozi* is yummy.
Mum, have some *jiaozi*, too.

Mum: Thank you.

Dad: I'd like some *jiaozi* and noodles.

Mum: ___________

Dad: Thanks. OK, let's eat.

A. Here you are. B. I'd like some *jiaozi*.
C. Have some milk, too.

评价标准	完成情况
选择正确	★★★
语音语调正确	★★★

参考要点

★ *zongzi*, *tangyuan*, tofu, tea eggs, *jiaozi*, cake, noodles(面条), ...

★ yummy(美味的), good(很棒的), ...

★ polite(礼貌的), sweet(孝顺的), nice(贴心的), ...

Unit 5 Let's eat!

A Let's learn

教学材料分析

本单元的话题是“食物”。A 部分，通过 Sarah 和 Mike 两个家庭享用早餐的情境，让学生学习个人就餐诉求和为他人提供食物的表达方式，并了解中西式早餐的差异性。B 部分，通过郊外聚餐的情境，让学生学习在具体语境下用不同的句式合理表达就餐意愿，进一步学习与他人一起就餐时的基本礼仪和表达习惯。本课教学内容为 A 部分 Let's learn 板块，通过 Sarah 和妈妈早上谈论早餐的场景，帮助学生学习早餐食物词汇以及交流食物选择的表达方式。

学生基础分析

学生在本单元 Let's talk 中已经初步学习、感知了核心句型“I'd like some ...”“Have some ...”的语义和语用情境。本课时的难点在于核心词汇在不同语境下的运用，而对“早餐”这个话题而言，这些词汇是远远不够的，因此教师需要帮助学生回顾之前课时中出现过的 noodles、apple、orange 等词汇，并在不同形式的语篇操练中适当融入中西方典型的早餐食物词汇作为补充拓展，使得语言运用更真实、更丰富。

教学设计思路

本节课围绕“breakfast”，充分利用前几个单元已学的食物类词汇和本单元已学的相关句式表达，以旧带新展开教学。热身环节，通过课外歌曲导入，巧妙结合 Let's do 部分的文本内容，快速激活和输入食物类词汇。新知呈现环节，通过 Sarah 和妈妈早餐前的对话情境，帮助学生整体学习新词汇，并通过 Sarah 梳理今日早餐食物和 Sam 与家人共享早餐的对话创编环节巩固操练词汇和句式，进一步落实词汇的音、义、形。拓展延伸环节，通过探究其他三位教材人物的早餐食谱，了解中西式早餐的差异性和早餐营养丰富的重要性，在设计并介绍自己的营养早餐环节，实现健康早餐理念和目标语言的融合输出。

教学目标定位

1. 能理解 Sarah 和妈妈早餐前的对话语篇，且能在语境中听、说、认读并运用核心词汇 bread、egg、juice、milk。
2. 能在就餐的语境中恰当运用句型“I'd like some ...”表达就餐的意愿，以及运用“Have some ...”“Here you are.”对他人提出建议或提供相应的食物。
3. 能根据个人喜好搭配出营养丰富的早餐，运用核心词汇和句型进行描述介绍。
4. 能感知并体会中西式早餐的差异性，了解早餐营养均衡的重要性。

板书设计

教学过程

教学环节	教学活动	活动单链接
Warming up	**1. Enjoy a song** 跟唱课外歌曲“I'm hungry”，教师呈现歌曲中怪兽吃的食物，激活“食物”主题。	
	2. Say and do 呈现歌曲中的“the hungry monster”大胃王形象和 Let's do 部分的文本内容，带领学生看图、听指令并做动作，体验投喂“大胃王”和“大胃王”吃东西的过程，引发学生对其“胡吃海塞”不良饮食方式的思考和关注。	
Presentation & practice	**3. Look and guess** 呈现 Sarah 的妈妈在厨房做早餐的场景，引导学生猜测妈妈准备了哪些食物。 Q: What's for breakfast today?	
	4. Listen and say 教师播放 Let's learn 词汇录音，揭示早餐食物，带领学生跟读并强化词汇发音规律。	
	5. Listen and choose 听对话前，教师带领学生观察 Sarah 的动作表情，引导学生从对话中找到 Sarah 的早餐需求和妈妈提供的食物。 Q: What's wrong with Sarah? What does Mum give her?	【活动 1】Listen and choose
	6. Guess and say 引导学生猜测并表达 Sarah 想吃的早餐食物。 Q: What would Sarah like for breakfast?	
	7. Read and tick 教师呈现妈妈和 Sarah 的对话语篇，引导学生仔细读图，选出与对话相匹配的早餐搭配图。	【活动 2】Read and tick
	8. Look and say 教师请学生总结 Sarah 今日早餐所享用的食物，借助完整的语篇框架初步运用本课核心词汇，引发学生对 Sarah 早餐搭配合理性的探讨。	
	9. Talk in pairs 教师创设 Sam 起床后和家人共享早餐的情境，组织学生创编家庭共享早餐时的对话。 Q: What about Sam's breakfast time? What would he like?	
Consolidation & extension	**10. Read, match and think** 教师呈现其他三位教材人物的早餐图，让学生匹配描述对应早餐的语篇，并引导学生比较中西式早餐的异同，感受早餐营养均衡、口感兼备的重要性。	【活动 3】Read, match and think
	11. Draw and say 教师引导学生自主设计一顿营养早餐，提供语言支架并组织学生进行早餐介绍与分享。	【活动 4】Draw and say
Homework	1. Read the textbook page 49 correctly and fluently. 2. Share your breakfast with your friends.	

（湖州市湖师附小教育集团　陆姝婷）

Unit 5 Let's eat!

A Let's learn

I can get ________ ⭐ □ Great! □ Good! □ Try hard!

1 Listen and choose

It is breakfast time. Mum and Sarah are at the kitchen.

What's wrong with Sarah?

She is ________.

A. hungry B. thirsty(渴的)

What does Mum give(给) her?

A. Milk. 

B. Bread. 

评价标准	完成情况
选择正确	⭐⭐⭐

2 Read and tick

A.  B.  C. 

评价标准	完成情况
勾选正确	⭐⭐⭐

3 Read, match and think

What about Chen Jie, Mike and John's breakfast?

Look! This is my breakfast. I eat bread with jam(果酱). I eat an apple, too. And I drink some milk.

I'm hungry! What's for breakfast? I'd like some bacon(培根) and eggs. And I want to drink some juice!

Today I'd like some noodles and an egg for breakfast. And I'd like some soybean milk(豆浆), too. So yummy!

评价标准	完成情况
连线正确	★★★

4 Draw and say

What would you like for breakfast?

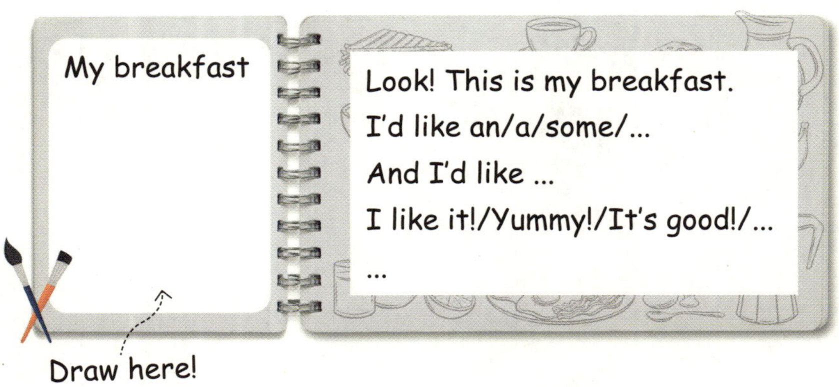

评价标准	完成情况
词句表达准确、语法正确	★★★
食物搭配合理、绘画美观	★★★
语言具有丰富性或创造性	★★★

参考要点

★ noodles, cake, sandwich(三明治), dumplings(饺子), ...

★ apple, orange, banana, ...

★ soybean milk(豆浆), coffee, tea(茶), ...

Unit 5 Let's eat!

A Letters and sounds

教学材料分析

本课教学内容是 A 部分 Letters and sounds, 要求学生能听、说、读、写字母 Oo、Pp、Qq、Rr、Ss、Tt，并在学习字母音和形的基础上，初步掌握元音字母 Oo 和其他五个辅音字母作为单词首字母时的发音。教学内容分为三部分：第一部分，呈现字母 Oo—Tt 的音和形及其在单词中作为首字母时的发音规则；第二部分，要求学生根据图片和录音，圈出单词的首字母，巩固字母音与形的对应关系；第三部分，让学生学习这五个字母在四线格上的书写位置和笔顺。

学生基础分析

学生通过字母歌等前期的学习，对 26 个字母的音和形已有初步的感知。在前四个单元中，学生已经学习了字母 Aa—Nn 的书写，建立了字母（letter）和发音（sound）之间的对应关系，有了一定的语音意识，有助于正迁移到本课的字母学习中。

教学设计思路

本节课是以视听、唱演、读写为主的字母课。教学设计基于教材，根据教材例词提炼“动物”主题，让学生在认读字母、观看字母书写视频等活动中学习目标字母的音和形，落实字母的书写。通过吟唱动物字母歌谣，引导学生自主探究字母发音规则。最后延续“动物”主题，借助绘本故事“Queen and pets”，帮助学生在情境中运用字母，提升自主阅读的能力。

教学目标定位

1. 能听、说、读、写字母 Oo、Pp、Qq、Rr、Ss、Tt，巩固已学字母，学唱歌谣，完成教材中的练习。
2. 能在语境中认读例词 on、orange、pig、pen、queen、quiet、rice、red、six、Sarah、tiger、ten。
3. 能在教师的帮助下，感知并归纳字母 Oo、Pp、Qq、Rr、Ss、Tt 作为单词首字母时的发音规则，并能根据发音规则初步拼读单词。
4. 能在图片辅助下听懂绘本故事“Queen and pets”，能听故事录音写出符合发音规则的单词首字母，并能利用所学字母发音规则朗读故事。
5. 能建立动物和字母的联系，产生对动物的喜爱之情。

板书设计

教学过程

教学环节	教学活动	活动单链接
Warming up	1. **Enjoy a song** 跟唱课外歌曲“Phonics song”。	
	2. **Play a game** 玩“字母火车”认读游戏。	
Presentation & practice	3. **Find and read** 呈现小朋友们围观“字母火车”的场景。学生说一说消失的字母并认读。 Q: What's missing?	
	4. **Let's write** 播放字母书写视频后，引导学生感知字母在四线格上的书写位置和笔顺。	【活动 1】Let's write
	5. **Let's chant** 播放教材歌谣视频，学生跟读模仿。	【活动 2】Let's chant
	6. **Look and say** 呈现一些动物形态的大写字母，学生观察、辨认并说出动物名称。	【活动 3】Look and say
	7. **Let's chant** 播放自编的动物字母歌谣，学生两人一组练习吟唱。	
	8. **Let's sort** 学生根据首字母对黑板上的动物单词进行分类。	
	9. **Watch and find** 播放教材视频，引导学生找到更多以目标字母开头的单词。	
Production	10. **Play and summarize** 学生两人一组玩“头脑风暴”拇指游戏，游戏后教师提问，学生汇报游戏中发现的新单词。 Q: Any new words?	
	11. **Listen and circle** 播放 Listen and circle 录音，学生完成教材练习。	【活动 4】Listen and circle
	12. **Look and spell** 呈现动物图片及相应的动物单词，请学生尝试拼读。	
	13. **Enjoy a story** 播放绘本故事“Queen and pets”视频，学生欣赏。	
	14. **Listen, circle and write** 播放绘本故事音频，学生根据录音圈出单词首字母，并将其书写在四线格上。	【活动 5】Listen, circle and write
	15. **Read the story** 再次播放绘本故事视频，学生自由跟读。	【活动 6】Read the story
Homework	1. Listen and imitate *Letters and sounds* on the textbook page 50. 2. Try to read the story and make a new story. 3. Find more words beginning with Oo, Pp, Qq, Rr, Ss, Tt.	

（绍兴市柯桥区华舍小学　朱芬欢）

Unit 5 Let's eat!

A Letters and sounds

I can get ________ ★ □ Great! □ Good! □ Try hard!

1 Let's write

Oo Pp Qq Rr Ss Tt

评价标准	完成情况
字母书写正确	★★★
字母书写美观	★★★

2 Let's chant

A-B-C-D-E. Clap with me.
E-F-G-H-I. Touch the sky.
J-K-L-M-N. Show me ten.
L-M-N-O-P. Hooray for me!
P-Q-R-S-T. Time for tea.
Hooray for me! Hooray for me!
I can say from A to T.
Hooray!

评价标准	完成情况
歌谣中的字母说唱正确、流利	★★★
说唱有节奏感，有一定动作	★★★

操作要点 两人小组开展活动，相互边做动作边说唱，说唱后相互评价同伴的表现。

3 Look and say

评价标准	完成情况
能正确指认出所有的字母	★★★
能说出其中的动物名称	★★★

4 Listen and circle

p b　k q　s c　r l　d t

评价标准	完成情况
圈选正确	★★★

5 Listen, circle and write

Queen and pets (宠物)

This is my ___. I like my r abbit. (l (r))

This is my ___. I like my ___ onkey. (m n)

This is my ___. I like my ___ anda. (p q)

This is my ___. I like my ___ nake. (s f)

This is my ___. I like my ___ strich. (o d)

This is my ___. I don't like my ___ ctopus. (q o)

评价标准	完成情况
字母圈选正确	★★★
字母在四线格上位置正确	★★★
字母书写规范、美观	★★★

6 Read the story

评价标准	完成情况
故事朗读正确、流利	★★★
故事朗读有感情	★★★

Unit 5 Let’s eat!

B Let’s talk

教学材料分析

本单元的教学内容是表达喜爱的食物并与他人分享。A 部分，借助吃早餐的情境，让学生学习目标词汇 juice、egg、milk、bread 及目标句型“I’d like some ...” “Here you are.”“Have some ...”，学会表达自己想要什么食物及将食物递给他人。B 部分，借助野餐、点餐的情境，让学生学习目标词汇 cake、water、fish、rice 及目标句型“Can I have some ..., please?”“You’re welcome.”，学会礼貌地表达自己想要什么食物并对他人的分享表示感谢。本课的情境为 Wu Binbin、John、Chen Jie 三人在公园野餐。Wu Binbin 想要喝水，礼貌地向 John 提出请求，得到回应后表示感谢。

学生基础分析

三年级学生参与英语活动的积极性高，模仿能力强，愿意在情境中展示自己，大胆表达自己的想法。本单元围绕“食物”这个主题展开，与学生生活紧密相连。学生在 A 部分中已经学习了词汇 bread、milk、egg、juice 及句型“I’d like some ..., please.” “Here you are.” “Have some ...”，能够比较流利地表达自己的喜好，并在对话中灵活使用，为本课对话的学习做好了知识和情感上的充分准备。

教学设计思路

本节课是以对话为主，兼顾核心单词的听说课。通过单元歌曲导入，开展围绕“野餐”话题的各类语言活动，帮助学生激活已学词汇及句型，为本课对话学习做好准备。在教师的引导下，学生通过读图、听音、看视频、配音、表演、续编等多模态活动，逐步加深对礼貌用语的感知和对快乐分享的体验，不断巩固对食物词汇及句型的掌握。

教学目标定位

1. 能在语境中整体感知、理解对话语篇，学习核心句型“Can I have some ..., please?” “Thank you.” “You’re welcome.”。
2. 能用正确的语音语调有感情地模仿朗读对话，并能生动地表演对话。
3. 能在语境中灵活运用本课核心句型表达自己的意愿，并进行合理的回应。
4. 能礼貌分享食物，体会分享的快乐，并养成外出野餐时保持环境卫生的意识。

板书设计

教学过程

教学环节	教学活动	活动单链接
Warming up	**1. Watch and answer** 播放单元歌曲“Let’s have a picnic today”，引出“野餐”话题。	
	2. Look, read and tick 引导学生观察歌曲中的图片，勾选食物及饮品单词。学生在练习中进一步认读已学词汇，感知新词汇。	【活动 1】Look, read and tick
Presentation & practice	**3. Let’s play** 教师借助食物卡片，通过板书及师生示范引导学生使用“Can I have some ..., please?”“Here you are.”“Have some ...”“Thank you./Thanks.”“You’re welcome.”进行礼貌分享。	
	4. Look and say 引导学生观察图片，说一说图中有哪些人（Who）、在做什么（What）以及带了哪些食物（What food）。	
	5. Look and guess 引导学生观察 Wu Binbin 的动作，猜测他想要什么食物。	
	6. Listen and tick 听对话录音，勾选食物词汇。巩固已学词汇，加深对新词 water 的认读理解，为后续活动做好铺垫。 Q: What would Wu Binbin like?	【活动 2】Listen and tick
	7. Listen and check Wu Binbin 是怎样提出要求的？学生说出句子并听录音校对，进一步加深对核心句型语音语调及含义的掌握。	
	8. Read and choose 课件中出示两则对话，一则只包含“Can I have some water, please?”“Here you are.”，另一则后接“Thank you.”“You’re welcome.”。在对比中体验礼貌用语的作用。	
	9. Let’s imitate 学生逐句听录音，模仿语音语调，教师引导学生做动作。	
	10. Peer reading 两人一组朗读对话并互评。	【活动 3】Peer reading
	11. Let’s dub 同桌分角色进行配音。	
	12. Think and act 教师引导学生设计补充 John 和 Chen Jie 的对话，三人一组各分饰一角续编、表演对话。	
Production	**13. Look, read and choose** 学生观察单元主情景图，选择恰当的句子，填入编号，补全对话。	【活动 4】Look, read and choose
	14. Mini picnic 引导学生运用“I’d like some ...”“Have some ...”及本课句型“Can I have some ...?”“You’re welcome.”等分享所带的食物并礼貌回应。	
	15. Good to learn 课件中出示满是垃圾的草地图片，引导学生野餐时保护环境，一起清理垃圾。	
Homework	1. Listen and repeat *Let’s talk* on the textbook page 51 correctly and fluently. 2. Finish the workbook. 3. Make a new dialogue and draw a picture.	

（宁波市北仑区蔚斗小学　洪金晶）

Unit 5 Let's eat!

B Let's talk

I can get ________ ☆ □ Great! □ Good! □ Try hard!

1 Look, read and tick

What food and drink do you see?

□ milk □ cake □ water □ egg □ juice □ ice cream

□ rice □ apple □ banana □ bread □ fish □ noodles

评价标准	完成情况
勾选正确	☆☆☆

2 Listen and tick

What would Wu Binbin like?

	bread	egg	water	juice	cake

评价标准	完成情况
勾选正确	☆☆☆

3 Peer reading

操作要点 两人小组开展活动，一人分饰 Wu Binbin、John 进行对话朗读，另一人认真倾听后完成评价并提出改进建议，随后两人互换任务。

评价标准	完成情况
朗读声音响亮	☆☆☆
语音语调正确	☆☆☆
朗读富有感情	☆☆☆

4 Look, read and choose

评价标准	完成情况
选择正确	★★★

A. Have some cake.
B. Can I have some milk?
C. You're welcome.
D. I'd like some bread, please.

Unit 5 Let's eat!

B Let's learn

教学材料分析

本单元的教学内容是表达自己喜爱什么食物并与他人分享。A 部分，借助 Mike 和 Sarah 在家用餐的情境，让学生学习句型“I'd like some ..., please.” “Here you are.” “Have some ...”及词汇 juice、egg、milk、bread，学会运用核心语言表达想吃某种食物的意愿。B 部分，借助户外野餐和餐厅用餐的情境，让学生学习目标词汇 water、rice、cake、fish，并在 A 部分的语言基础上进一步学习新句型“Can I have some ...?”“You're welcome.”，从而能够礼貌表达想吃某种食物的意愿并做出回应。

学生基础分析

三年级学生对英语学习充满着好奇，求知欲强，敢于表达，好胜心强。本单元的“食物”话题深受他们喜爱。在 A 部分中学生已经学习了“I'd like some ..., please.” “Here you are.” “Have some ...”和 juice、egg、milk、bread，在语音课中初步学习了单词 rice，在 B 部分中学习了句型“Can I have some ..., please?” “Here you are.”，为本课进一步学习词汇以及在语境中使用目标语言奠定了很好的基础。

教学设计思路

本课是一节融合视、听、说、读、写的低段词汇课。教学设计基于教材，围绕“Order food in the restaurant”，设置 Sarah 与小伙伴在餐厅用餐的情境，让学生通过看、听、读、说、写等多种活动，整体感知、操练目标词汇，不断感受均衡饮食的重要性。

教学目标定位

1. 能理解有关餐厅点餐的语篇，能在具体的语境中学习并运用核心词汇 water、rice、cake、fish。
2. 能在真实的语境中正确运用句型“Can I have some ..., please?” “Here you are.”表达想吃某种食物的意愿并做出回应。
3. 能理解 Let's do 内容，并按照指令做动作。
4. 能运用本课所学语言进行点餐，并懂得均衡饮食的重要性。

板书设计

教学过程

教学环节	教学活动	活动单链接
Warming up	**1. Enjoy a song** 跟唱课外歌曲“Yummy food”，引出“食物”话题。 Q: What's the song about?	
	2. Watch and circle 初步认读、感知核心词汇。再看一遍歌曲视频，圈出相应的食物。	【活动 1】Watch and circle
	3. Look and say 师生扮演小猪，说一说它的饮食，初步渗透均衡饮食的重要性。 Q: I'd like some ... What about you?	
Presentation & practice	**4. Look and guess** 出示教材主图，引出情境“In the canteen”，引导学生观察图片并猜测 Sarah 想吃的食物，为后续语篇展开做铺垫。 Q: Who are they? Where are they? What would Sarah like?	
	5. Listen and tick 再次整体感知本课的四个核心单词，听音勾选 Sarah 想吃的食物，验证上一步的猜测。	【活动 2】Listen and tick
	6. Look and guess 看情景图，引导学生运用句型“Can I have some ..., please?”猜测 Sarah 还想吃什么，在句子中整体运用核心词汇。	
	7. Listen and repeat 听教材录音，模仿跟读，特别关注单词 cake、rice 的发音。	
	8. Let's do 跟着教材视频说一说，做一做动作。	
	9. Look and say 继续看情景图，四人一组运用句型“I'd like some ...”说一说喜爱的食物，巩固核心语言的运用。	
	10. Group and write 把食物按照“Food”和“Drink”分类，并将对应单词的字母编号写在四线格中。	【活动 3】Group and write
Production	**11. Read and choose** 读语篇并与相应的套餐图片配对。	【活动 4】Read and choose
	12. Look, choose and write 选择喜爱的套餐图片，在四线格中书写相应的食物单词，完成语篇，再次深化均衡饮食的理念。	【活动 5】Look, choose and write
Homework	1. Listen and read the textbook page 52 correctly and fluently. 2. Practise *Let's do* with your partner. 3. Make a dialogue of dining in a restaurant.	

（宁波市北仑区长江小学　顾舟瑶）

Unit 5 Let's eat!

B Let's learn

I can get ________ ☆ □ Great! □ Good! □ Try hard!

1 Watch and circle

What does the pig eat and drink?

bread

cake

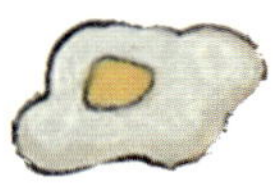
egg

fish

juice

milk

noodles

rice

评价标准	完成情况
圈选正确	☆☆☆

2 Listen and tick

Can I have some ________, please?

Here you are.

A. fish B. water C. rice D. cake

评价标准	完成情况
勾选正确	☆☆☆

3 Group and write

将单词分类，在四线格中填写对应的字母！

A  bread
B  cake
C  fish
D  juice
E  rice
F  milk
G  water

Food

A ________ ________ ________

Drink

________ ________ ________

评价标准	完成情况
单词分类正确	☆☆☆
字母书写准确	☆☆☆

4 Read and choose

( ) Hi! I'd like some rice, fish, vegetables and juice, please.

( ) Hi! I'd like some noodles, cake, milk and an apple, please.

( ) Hi! I'd like some rice, eggs, fish and water, please.

A.

B.

C.

评价标准	完成情况
选择正确	★★★

5 Look, choose and write

A

B

C

D

I choose (选择) ________.

I'd like some ________, ________ and ________.

评价标准	完成情况
图文匹配	★★★
书写正确	★★★

参考要点

★ rice, fish, bread, cake, vegetables(蔬菜), noodles, eggs, ice cream, ...

★ juice, milk, water, soup(汤), ...

Unit 5 Let's eat!

B Start to read

教学材料分析

本单元的教学内容是食物。A 部分，借助情境 breakfast，让学生学习目标词汇 bread、milk、egg、juice 及目标句型“I'd like some ...”“Here you are.”“Have some ...”，学会表达为别人提供食物及请别人吃东西。B 部分，借助情境 picnic、canteen，让学生学习目标词汇 fish、rice、water、cake 及目标句型“Can I have ...?”，学会表达自己想要的食物。在教学中，引导学生从认读字母、单词到阅读有意义的对话语篇，并尝试运用发音规则初步书写相关核心词汇。

学生基础分析

学生在 A 部分和 B 部分的新授课中学习了“I'd like some ...”“Here you are.”“Have some ...”“Can I have ...?”，对于目标句型的语义和语用功能已经有了初步感知，并将在本课语境中进一步滚动复习，从不同的插图或语篇材料中获取关键信息，积极尝试运用不同的阅读策略，提高阅读能力。本课难点在于学生要利用情境线索进行推测，抓住关键词并及时记录，整合音素并能够书写核心单词的首字母。

教学设计思路

本节课以阅读为主，兼顾核心句型、核心词汇和字母的复习。通过读、写、看等活动，在 aquarium、picnic 等情境中，充分利用场景的转换，对目标语言进行复习，不断向学生提出问题，引导学生通过阅读解决问题，关注对学生阅读技能与策略的指导和训练。

教学目标定位

1. 能熟练掌握 Oo、Pp、Qq、Rr、Ss、Tt 的字母音及其在单词中的发音，能按顺序认读字母的大小写。
2. 能拼出 egg、cake、bread、fish、rice、milk、water、juice 这八个食物单词的首字母，并规范书写。
3. 能辨识不同字体的核心词汇。
4. 能提取关键信息，理解拓展语篇。

板书设计

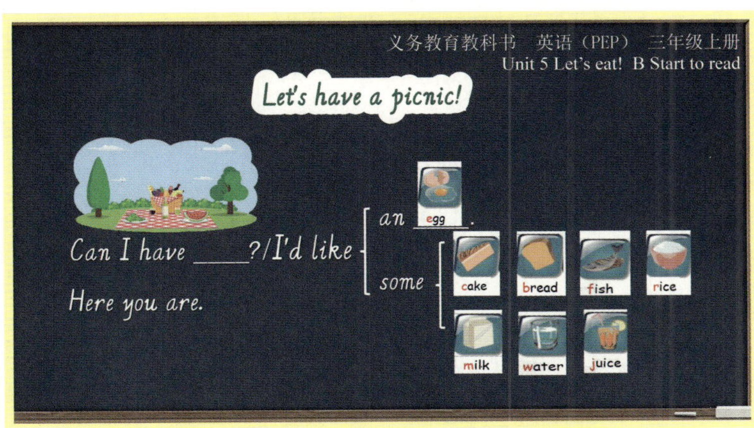

教学过程

教学环节	教学活动	活动单链接
Warming up	**1. Sing a song** 跟唱课外歌曲“Abc”。 Q: What's the song about?	
	2. Listen, show and say 模仿歌曲选段，引导学生听音。展示相应的字母卡片，让学生说出相应字母在单词中的发音。 Q: R, r. What does letter “r” say?	
Presentation & practice	**3. Find and tick** 出示教材插图并提问。引导学生整体阅读，并辨认图中散落的字母。 Q: What letters do you see?	【活动 1】Find and tick
	4. Circle and write 引导学生观察字母的大小写与颜色，圈出字母，再说一说，并在四线格上按顺序完成字母的书写任务。	【活动 2】Circle and write
	5. Guess and say 通过提问引导学生根据首字母的发音猜测食物。 Q: What's for the picnic? 板书呈现单词 egg、cake、bread、fish、rice、milk、water、juice。	
	6. Look and say 呈现 John 和 Sarah 来参加 Chen Jie 家野餐的情境，引导学生观察图片，表达自己对饮食的选择。 Q: What would you like? 同时板书呈现句型“Can I have ...?”和“I'd like ...”，在单词前贴上 an 与 some 板贴，引导学生归类可数和不可数的食物单词。 Q: What would John like? What would Sarah like? What about Chen Jie? 引导学生阅读对话文本，回答 John 和 Sarah 喜欢什么食物，并猜测 Chen Jie 想要什么食物。	
	7. Read and count 引导学生观察插图，思考并推测 Chen Jie 想要什么食物，并写出相应食物的数量。 Q: How many children would like an egg/some water?	【活动 3】Read and count
Production	**8. Read and match** 引导学生认真观察单元主情景图，圈出关键单词与图片，找出 John、Zip 想要的食物，并连线。 Q: What would they like?	【活动 4】Read and match
	9. Read and write 引导学生关注蚂蚁，展开想象。随后呈现拓展语篇，帮助学生理解语篇并补全单词。	【活动 5】Read and write
Homework	1. Read the passage about the little ant. 2. Use the letter cards to spell the words about the food.	

（温州市瓯海区瞿溪第一小学　胡欢肖）

Unit 5 Let's eat!

B Start to read

I can get ________ ★ □ Great! □ Good! □ Try hard!

1 Find and tick

(1) Aa Bb Cc Dd Ee Ff Gg
(2) Hh Ii Jj Kk Ll Mm Nn
(3) Oo Pp Qq Rr Ss Tt

I see ________.

评价标准	完成情况
勾选正确	★★★

2 Circle and write

先圈出字母，再按字母表顺序书写字母大小写。

评价标准	完成情况
能圈出图中字母	★★★
字母顺序正确	★★★
字母书写规范	★★★

3 Read and count

读不同字体的单词，标出数量。

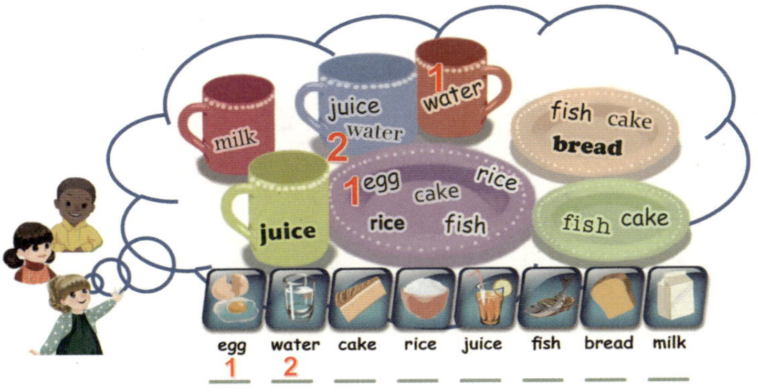

评价标准	完成情况
数量书写准确	★★★

4 Read and match

阅读教材第 46、47 页主情景图，连线。

What would they like?

评价标准	完成情况
连线正确	★★★

5 Read and write

根据图片与文字，补全单词。

Hello, I'm a little ant .

I'd like an ____gg ,

some ____ake ,

some ____ice ,

some ____uice ,

some ____ilk ,

and some ____read .

Wow, I'd like them all!

评价标准	完成情况
字母填写正确	★★★
字母书写规范	★★★

Unit 5 Let's eat!

C Story time

教学材料分析

本单元的主题是“食物”，A 部分以“早餐”为话题，让学生学习使用“I'd like some ...”“Have some ...”等句型谈论想吃什么食物；B 部分通过“Can I have ..., please?”等句型，进一步丰富学生谈论“食物”话题的语言。本课教学内容是 C 部分 Story time，以对话形式呈现 Zoom 到餐厅点餐的过程，以故事配图形式呈现小猫偷吃 Zoom 点的鱼的反转过程。本课通过听、说、看、读、演等活动形式，帮助学生在学习故事内容、想象故事发展的过程中，丰富语言表达形式，提升思维品质。

学生基础分析

学生在 A 部分和 B 部分已经学习了食物相关单词及“I'd like some ...”“Have some ...”“Can I have ..., please?”等句型，能够在语境中熟练运用以上句型进行询问及做出回答。

教学设计思路

本节课是以视、听、说为主的故事课。教学设计基于教材，“故事前”环节通过游戏和情境演绎导入，组织学生回忆有关食物的单词及讨论食物的句型，着重复习感知本课核心句型“I'd like some ...”“Can I have some ...?”，接着引导学生对故事人物背景等进行合理的猜测；“故事中”环节通过看、听、说、模仿等方式，帮助学生理解故事内容，在此过程中留存悬念，让学生感知小猫的心理活动，并尝试表演故事；“故事后”环节通过组织学生评价人物、给故事取标题、编演新故事等活动，发展学生的综合语言运用能力，进一步促进学生思维品质的发展。

教学目标定位

1. 能运用有关食物的单元重点单词及相关句型，如“I'd like ...”“Can I have ...?”等。
2. 能利用故事配图，在教师引导下通过 who、where、what 等问题及信息提示预测故事内容。
3. 能理解并使用“I'd like ...”“Can I have ...?”在合适的情境中表达自己的食物喜好。
4. 在对故事有了充分的感知理解后，小组合作进行故事补白，表演故事，创编新故事，并在教师的提示下猜测 Zoom 和小猫的心理活动。

板书设计

教学过程

教学环节	教学活动	活动单链接
Warming up	**1. Catch and say** 播放课外歌曲视频“Food”，带领学生根据视频做动作并说出看到的单词。 Q: What do you see?	
	2. Talk time 引导学生无实物想象 picnic 情境并创编对话演一演。	
	3. Look and choose 教师呈现主场景图片，核对学生的猜测，并将主要人物及场景要素窗户、桌子呈现到板书上。 Q: Who may be in the story? Where does the story take place?	【活动 1】Look and choose
Presentation & practice	**4. Watch and tick** 播放 Story time 部分视频，引导学生猜测 Zoom 可能想要吃什么食物，然后看视频，勾出 Zoom 想吃的食物。	【活动 2】Watch and tick
	5. Listen and number 播放 Story time 部分音频。学生听故事主线，给图片排序。	【活动 3】Listen and number
	6. Listen and imitate 播放 Story time 部分音频。学生结合猜测、表演、模仿等形式听读对话。	
	7. Peer reading 学生两人一组合作，选择故事主线中的两幅图片演一演，并互相评价。	【活动 4】Peer reading
	8. Look and think 通过 Zoom 在故事中的表情变化，引发学生思考 Zoom 的情绪变化，模仿 Zoom 朗读句子“Oh, no! My fish!”并猜测故事结尾。	
	9. Enjoy the story 播放 Story time 完整视频。学生观看感知故事大意，并留意小猫的行进路线和状态。	
	10. Look and play 教师通过图片提示，引导学生在板书上展现小猫的活动过程，并猜测每一次动态中小猫的心理活动。	
	11. Let's act 学生小组合作表演故事，并添加小猫的心理活动。	
Production	**12. Choose and retell the story** 根据提示选词填空，并复述故事的主要内容。	【活动 5】Choose and retell the story
	13. Think and say 学生通过教师提示对 Zoom 进行评价。	
	14. Give a name to the story 为故事取一个标题。	
	15. Make up a new story 基于 Zip 登场的提示，引导学生想象故事发展方向，小组创编一个新故事并表演。	
Homework	1. Listen and read the story. 2. Make up a new story about it and act with your friends.	

（杭州市求是教育集团　章昊群）

Unit 5 Let's eat!

C Story time

I can get ________ ☆ □ Great! □ Good! □ Try hard!

1 Look and choose

Who's in the story? ________

评价标准	完成情况
选择正确	☆☆☆

A

B

C

Where is it? ________

A

B

C

2 Watch and tick

评价标准	完成情况
勾选正确	☆☆☆

What would Zoom like to eat?

□ bread □ rice □ Coke

□ fish □ pizza □ ice cream

3 Listen and number

评价标准	完成情况
排序正确	☆☆☆

How does Zoom order?

Zoom: I'd like some ..., please./Can I have some ..., please?

Waitress: Here you are./Sure.

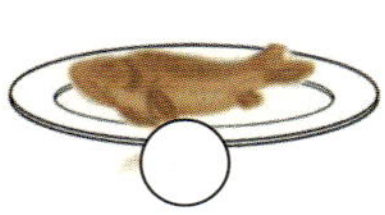

4 Peer reading

操作要点 两人小组开展活动，一人分饰 Zoom、Waitress 进行对话朗读，另一人认真倾听后完成评价并提出改进建议，随后两人互换任务。

评价标准	完成情况
语音语调标准	★★★
表演生动	★★★

5 Choose and retell the story

选词填空并复述故事。

Zoom is in a restaurant. He'd like some fish, some ________, some ________ and some ________. A cat is there, too. He gets on the table and eats Zoom's ________.
Zoom is surprised(惊讶的). The cat is very ________.

评价标准	完成情况
选择正确	★★★
复述流利	★★★

A. Coke B. pizza C. ice cream D. milk
E. fish F. cake G. rice H. salad
I. happy J. sad

Unit 6 Happy birthday!

A Let's talk

教学材料分析

本单元的教学内容是数字。A 部分，借助 Sam 和妈妈在蛋糕店买蛋糕的场景，让学生学习目标词汇 one、two、three、four、five 及目标句型“How many ...?”，学会询问及回答物品数量。B 部分，借助 Sam 的生日派对场景，让学生感知目标句型“How old are you?”“I'm ... years old.”的语义及语用情境，学习目标词汇 six、seven、eight、nine、ten，以及如何询问及回答年龄，并用“Happy birthday!”向他人表达生日祝福。

学生基础分析

大部分学生对生日派对有一定的生活经历，所以他们很容易理解“Happy birthday!”的语义及其使用场合。教师可设计各种活动让学生参与，来激发学生的参与热情和对英语的兴趣。

教学设计思路

本节课是以听、说为主的对话课。通过听、说、读、写、看等活动，在 Ready for Sam's birthday party 这一情境中，帮助学生对目标语言进行学习，不断加深对核心句型“How many ...?”的理解并能够运用，最终迁移到对更多物品数量的问答。引导学生观察生活中物品的数量，从而加深对“Number”这一主题的理解与体会。

教学目标定位

1. 能在教师和图片的帮助下理解对话，完成相应的视听任务。
2. 能听懂、会说句型“How many ...?”，并能在真实情境中正确运用句型询问并回答物品的数量。
3. 能理解“This one, please.”“Sure.”，并能用其表达对物品的选择。
4. 能按照正确的语音语调及意群朗读对话并进行角色扮演。

板书设计

教学过程

教学环节	教学活动	活动单链接
Warming up	**1. Guessing game** 引导学生猜谜语，谜底为 candle。 T: You can see them on cakes.	
	2. Let's sing 引导学生跟唱单元歌曲 "Ten little candles"。 Q1: How many candles do you hear in the song? Q2: Where can you see the candles dancing?	
	3. Let's guess 出示教材主图并提问。引出情境 "It's Sam's birthday."。 Q1: Whose birthday is it? Q2: What gifts do you see?	
Presentation & practice	**4. Let's count** 引导学生看图回答问题，为后面的活动给出范例。 T: How many bears? S: Two bears.	
	5. Look, count and write 引导学生看图数数，填数字完成表格。 T: Please count and write the numbers.	【活动 1】Look, count and write
	6. Count and say 引导学生看表格说一说，同桌两人互评。 — How many bears? — Two bears.	【活动 2】Count and say
	7. Let's guess 引导学生看图猜测及回答问题。 Q1: What are they talking about? Q2: How many cakes? Q3: Which one do Sam and Mum want?	
	8. Watch and circle 引导学生看教材视频，圈出正确答案。 Q: Which one do Sam and Mum want?	【活动 3】Watch and circle
	9. Listen and tick 引导学生听教材音频，勾出正确数量。 Q: How many plates?	【活动 4】Listen and tick
	10. Listen carefully and enjoy 引导学生仔细聆听教材录音，感受语音语调。	
	11. Listen and imitate 引导学生听录音，逐句模仿。	
	12. Peer reading 两人小组对照评价标准开展朗读和评价。	【活动 5】Peer reading
Production	**13. Read, choose and write** 引导学生阅读对话，选择相应礼品，并写上数量。 T: Mike, John and Chen Jie want to buy some gifts for Sam. Read the dialogue, choose the picture and write the number.	【活动 6】Read, choose and write
	14. Let's act 引导学生三人小组合作表演，创编合理对话，每人至少一句话。	
Homework	1. Listen and repeat *Let's talk* 3 times. 2. Count the birthday gifts with your friends.	

（杭州市学军小学　陈杭）

Unit 6 Happy birthday!

A Let's talk

I can get ________ ☆　　□ Great! □ Good! □ Try hard!

1 Look, count and write

How many ...?

bears	books	pencils	monkeys	ducks	...
2					

评价标准	完成情况
物品数量正确	★★★

2 Count and say

操作要点　两人小组开展活动，一人对照上一活动中的表格，对物品数量进行问答，例如"—How many bears? —Two bears."。另一人认真倾听后完成评价并提出改进建议，随后两人互换任务。

评价标准	完成情况
语句正确	★★★
语音准确	★★★

3 Watch and circle

Which one do Sam and Mum want?

（Sam 和妈妈想要哪一个蛋糕？）

1　　2　　3　　4

评价标准	完成情况
圈选正确	★★★

4 Listen and tick

评价标准	完成情况
勾选正确	★★★

5 Peer reading

操作要点 两人小组开展活动，一人分饰 Mum、Sam、shop assistant 进行对话朗读，另一人认真倾听后完成评价并提出改进建议，随后两人互换任务。

评价标准	完成情况
语音语调正确	★★★
动作表情丰富	★★★
读出不同人物的角色特征	★★★

6 Read, choose and write

John: Wow, so many gifts!
Chen Jie: Yes. Ducks, dogs, erasers, books, cards ...
Mike: I want to buy(买) a card for Sam.
John: I want to buy some books.
Mike: How many books?
John: Three books.
Chen Jie: I want some ducks.
John: How many ducks?
Chen Jie: Two ducks.

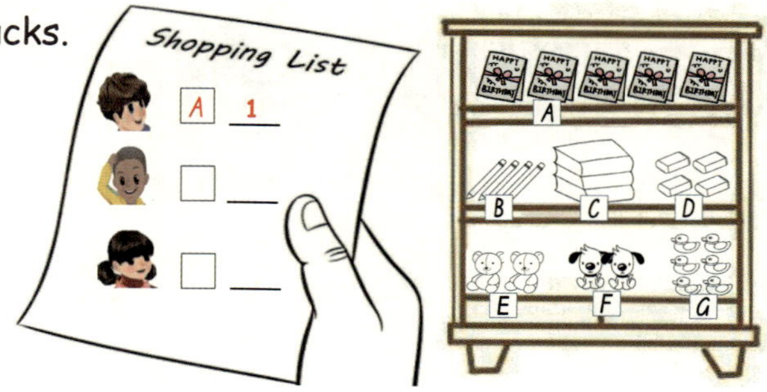

评价标准	完成情况
选择正确	★★★
物品数量正确	★★★

Unit 6 Happy birthday!

A Let's learn

教学材料分析

本单元的教学内容是数字 one to ten。围绕 Sam's birthday 这一主要情境，A 部分呈现 Sam 和 Mum 一起购买蛋糕以及和朋友们在公园做游戏等情境，帮助学生学习目标词汇 one、two、three、four、five 及目标句型 "How many ...?"，学会询问物品数量并回答。B 部分借助 John 给 Sam 送生日贺卡，询问年龄的情境，帮助学生学习目标词汇 six、seven、eight、nine、ten 及目标句型 "How old are you?" "I'm ... years old."，学会询问及回答年龄，并引导学生了解庆祝生日的礼仪习惯，掌握核心语言的正确表达。

学生基础分析

本单元主要的学习内容是数字，这是学生生活中随处可见且时常都会用到的内容。学生在 A 部分对话课中已经学习了 "How many plates?" "Five."，通过对物品数量的问答，对目标词汇有了初步的认知和一定的操练。因此在接下来的学习中，学生将在更多样的语境中进一步感知、理解、熟练运用目标词汇与句型。

教学设计思路

本节课为词汇课，主要通过两个游戏活动呈现目标词汇 one、two、three、four、five。教材文本中缺少明显的核心语言支架，因此在本课时的教学中，需要创设一定的语境，设计听、说、读、写等多样活动，让学生在做中学、玩中学，熟练掌握核心词汇，知道核心词汇在不同场景的运用。

教学目标定位

1. 能在情境中听辨、认读五个数词 one、two、three、four、five。
2. 能在图片和教师的帮助下，在语境中运用 "How many ...?" 询问物品数量并回答。
3. 能在现实生活情境中正确使用上述数字单词，交流相关话题。
4. 能在合理的语篇中正确拼写与运用单词 one、two、three、four、five。

板书设计

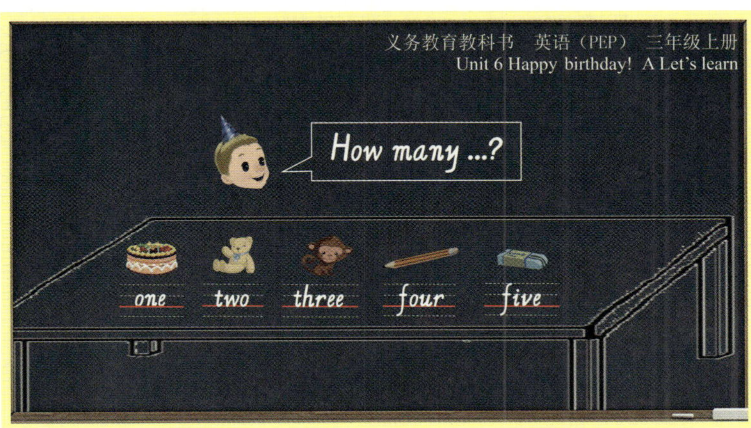

教学过程

教学环节	教学活动	活动单链接
Warming up	**1. Enjoy a song** 播放课外歌曲“Numbers 1–5”。	
	2. Watch and match 再次播放歌曲，并提问。 Q: What numbers do you see? 学生将视频中出现的五个含有数字的物品与五个数字单词进行连线。	【活动 1】Watch and match
Presentation & practice	**3. Look and guess** 出示 Let's learn 情景图。 T: Look! Chen Jie and Sarah are playing “Hide and seek”. Guess! What are they saying?	
	4. Listen and choose 播放 Let's learn 录音，提问“What is Chen Jie saying?”。学生听录音，选择 Chen Jie 的说话内容。	【活动 2】Listen and choose
	5. Watch and repeat 播放 Let's learn 视频，学生看视频，跟读模仿教材内容。	
	6. Count, write and choose 出示单元主情景图并提问。 Q: How many ...s? 学生根据图片信息正确写出图中物品的数量，并选择对应的数字单词。	【活动 3】Count, write and choose
	7. Count, fill and say 出示 Count and say 情景图和 Sam 的礼物清单。学生对照图中的礼物，帮助 Sam 清点礼物数量，在礼物清单中正确填写数字，然后口头完成 Sam 的感谢卡。	【活动 4】Count, fill and say
	8. Let's watch 播放 Let's chant 视频，学生观看视频。	
	9. Watch and fill in the blanks 再次播放 Let's chant 视频，学生根据视频，书写歌谣中缺失的数字单词。	【活动 5】Watch and fill in the blanks
	10. Chant and play 四人小组合作活动，两人甩绳两人跳，边玩边说。	
Production	**11. Let's enjoy** 播放视频，学生看视频思考。 Q: Where do we see numbers? 如果学生有能力可以让他们说一说“I see numbers on a car/...”。	
Homework	1. Listen and repeat *Let's learn* & *Let's do* 3 times. 2. Finish the workbook page 40. 3. Introduce your home to your friends.	

（舟山市岱山县岱中小学　方飞球）

Unit 6 Happy birthday!

A Let's learn

I can get ________ ☆   □ Great! □ Good! □ Try hard!

1 Watch and match

I see ________.

one two three four five

评价标准	完成情况
连线正确	☆☆☆

2 Listen and choose

What is Chen Jie saying?

________________________.

A. One, two, three, four, five

B. Five, four, three, two, one

评价标准	完成情况
选择正确	☆☆☆

3 Count, write and choose

How many ...s?

cake
[1][ ]

card
[ ][ ]

box
[ ][ ]

candle
[ ][ ]

A. one B. two C. three D. four E. five F. six

评价标准	完成情况
数字填写正确	☆☆☆
单词选择正确	☆☆☆

4 Count, fill and say

数一数，填写数字并说一说。

Gift list(礼物清单)

____ cat　　____ bears　　____ monkeys

____ ducks　　____ books　　____ pencils

____ crayons　　____ pencil box

Today is my birthday. So many gifts.
Let me open and see! ... I'm so happy!
Thank you, all my family and friends!

评价标准	完成情况
数字填写正确	★★★
语言表达正确	★★★

5 Watch and fill in the blanks

看视频并填写单词。

Jump! Jump! Jump! One, two, three!

Jump! Jump! Jump! ________, ________, ________!

Four and five! ________ and ________!

Jump up high! Jump up high!

Five! Four! Three, two, one!

Jump! Jump! It's so fun!

评价标准	完成情况
单词拼写正确	★★★
单词书写规范	★★★

Unit 6 Happy birthday!

A Letters and sounds

教学材料分析

本节课要求学生能听、说、读、写字母 Uu、Vv、Ww、Xx、Yy、Zz，并在学习字母音和形的基础上，初步掌握六个字母在单词中的发音。教学内容分成三部分。第一部分“Listen, repeat and chant.”呈现字母 Uu—Zz 的音和形及其在单词中的发音规则；第二部分“Listen and circle.”要求学生通过听字母及单词的发音，圈出该单词包含的字母，巩固字母音与形的对应关系；第三部分“Write and say.”让学生通过观看字母 Uu—Zz 的书写视频，学习这六个字母在四线格上的书写位置和笔顺，最终落实字母的书写。

学生基础分析

三年级学生作为小学阶段的英语初学者，对英语学习充满着好奇与热情。在本课时之前，学生已经掌握了字母 Aa—Tt 的音和形，能理解字母名和字母音的区别，能通过听、模仿、认读字母、学写字母、探究字母发音的活动，掌握语音规则和字母的有意义书写。

教学设计思路

本节课是以视听、读写、唱演为主的字母课。教学设计基于教材，通过猜字母游戏导入，整体呈现 26 个字母，引导学生在听一听、圈一圈、读一读等活动中初步感知字母 Uu—Zz。接着通过六个字母的发音音频，让学生在听、读中模仿字母的发音。然后再观看视频，帮助学生正确归类拥有相同字母的单词，引导学生探究字母的发音。最后让学生学写字母，借助图片，在情境中正确书写字母。

教学目标定位

1. 能正确听、说、读、写字母 Uu、Vv、Ww、Xx、Yy、Zz。
2. 能认读例词 under、umbrella、vet、vest、wet、water、box、fox、yo-yo、yellow、zoo、Zip。
3. 能感知并归纳字母 Uu、Vv、Ww、Xx、Yy、Zz 在单词中的发音，并能根据发音规则初步拼读单词。
4. 能在图片辅助下，根据发音填写单词中缺失的字母，并能朗读对话。

板书设计

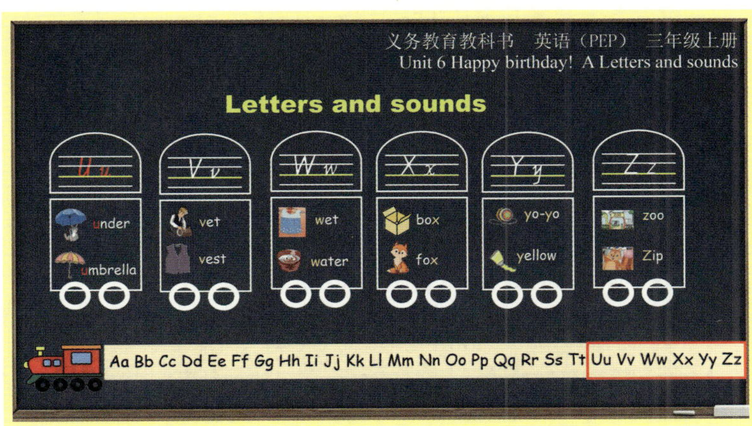

教学过程

教学环节	教学活动	活动单链接
Warming up	**1. Play a game** 玩游戏“Sharp eyes”，看图猜字母。 Q: What's this? It's the letter ______.	
Presentation & practice	**2. Find and read** 找出消失的字母 Cc、Ff、Hh、Ii、Kk、Ll、Pp、Rr、Uu、Vv、Ww、Xx、Yy、Zz。 Q: What's missing?	
	3. Listen and number 听录音，给字母排序。	【活动 1】Listen and number
	4. Try to read 尝试朗读字母。 Q: Can you read these letters?	
	5. Watch and repeat 跟读模仿教材录音。	
	6. Listen and chant 跟读模仿教材录音。	
	7. Watch and write 观看字母书写视频，书写字母。	
	8. Look and write 寻找小猫身上的字母，并按字母表顺序写出大小写。	【活动 2】Look and write
	9. Watch and think 观看教材字母视频，思考这些字母的发音。	
	10. Read and find 听单词朗读录音，总结字母的发音。 Q: What are the sounds of these letters?	
	11. Look and say 看图说一说。	
	12. Watch and repeat 观看教材字母发音视频，跟读。	
	13. Listen and circle 听教材录音，圈出正确的字母。	【活动 3】Listen and circle
	14. Read and fill 填字母，补全单词。	【活动 4】Read and fill
	15. Sing a song 听唱教材歌曲，复习 26 个字母。	
Production	**16. Read, circle and write** 阅读短文，在图中圈出相应的字母，并找出图中余下的字母，在四线格中书写字母。	【活动 5】Read, circle and write
	17. Draw and say 画字母图，和同伴找一找，说一说。	
Homework	1. Listen and repeat *Letters and sounds* 3 times. 2. Write the letters Uu, Vv, Ww, Xx, Yy, Zz. 3. Choose 1–3 letters, draw a picture.	

（舟山市岱山实验学校　孙燕）

Unit 6 Happy birthday!

A Letters and sounds

I can get ________ ★ □ Great! □ Good! □ Try hard!

1 Listen and number

听一听，给字母排序。

Xx Uu Ww Yy Zz Vv

( ) ( ) ( ) ( ) ( ) ( )

评价标准	完成情况
排序正确	★★★

2 Look and write

小猫身上有哪些字母呢？把它们按字母表顺序写下来吧！

Rr Ss Tt ____ ____ ____ ____ ____ ____

评价标准	完成情况
找到相应字母	★★★
字母顺序正确	★★★
字母书写正确、规范	★★★

3 Listen and circle

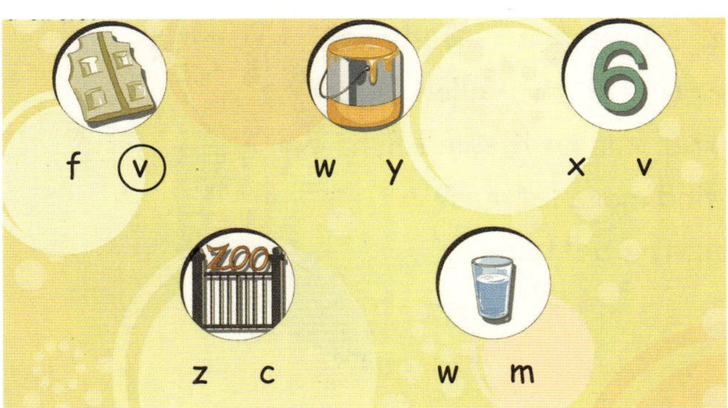

评价标准	完成情况
圈选正确	★★★

4 Read and fill

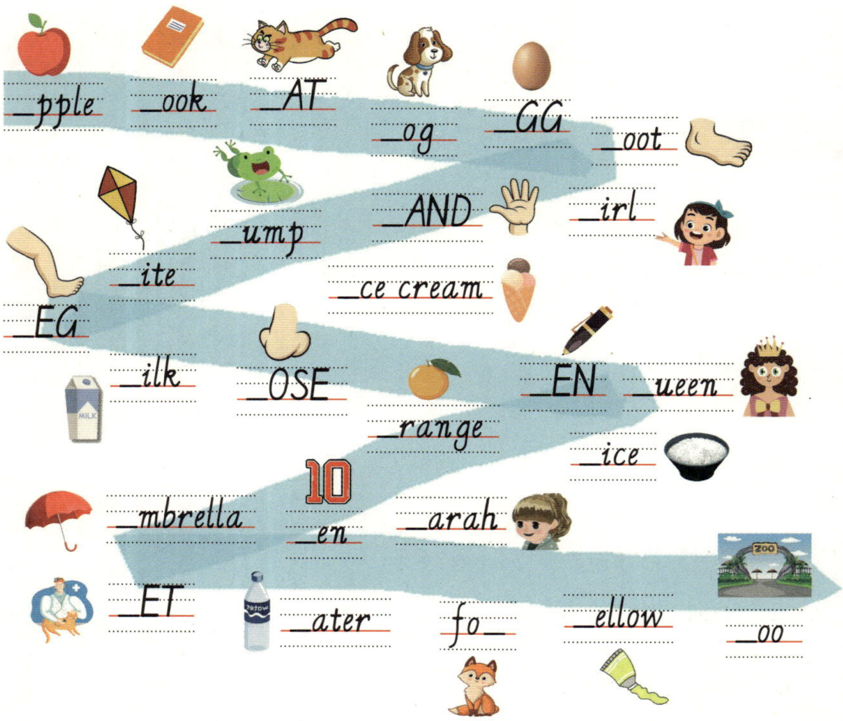

评价标准	完成情况
单词拼写正确	★★★
字母书写正确	★★★
字母书写美观	★★★

5 Read, circle and write

阅读短文，在图中圈出相应的字母，并把图中其余的字母也找出来，一起写一写。

I can draw a funny zoo.
Look! Big letter E is on the panda.
Big letter F is on the white horse.
Big letter G is on the yellow tiger.
Small letter x is on the red fish.
Can you find more letters?
The more, the better.

评价标准	完成情况
圈出短文中提及的4个字母	★★★
另外找出5个以上字母	★★★
字母书写正确	★★★
字母书写美观	★★★

Unit 6 Happy birthday!

B Let's talk

教学材料分析

本单元的教学内容是讨论生日及相关物品数量和人物年龄。A 部分，借助 Sam 和妈妈一起选购生日蛋糕的情境，让学生学习目标词汇 one、two、three、four、five 和目标句型“How many ...?”，以及如何问答物品的数量。B 部分，借助 Sam 过生日邀请 John 参加生日派对的情境，让学生学习目标词汇 six、seven、eight、nine、ten 和目标句型“How old are you?”“I'm ... years old.”，以及如何问答年龄，并用句型“Happy birthday!”表达生日祝福。通过让学生体验生日派对的完整流程，满足三年级学生的表达欲望和表演需求。

学生基础分析

学生在本单元 A 部分学习了询问物品数量的句型“How many ...?”以及数字词汇 one、two、three、four、five。如何在语境中得体地运用目标句型“How old are you?”“I'm ... years old.”谈论年龄是本课的重难点。本节课中，学生将在询问生日主角年龄这一语境中感知理解目标句型的语义和语用功能，并将在语境中熟练运用以上句型进行问答。

教学设计思路

本课教学设计从单元整体入手，将 A 部分买蛋糕和单元主情景图开派对的内容与本课内容进行有机整合，创设 Sam 开生日派对庆祝生日这一情境，使教学内容更丰富、更饱满，呈现给学生一场完整的生日派对。通过看、听、说、演等活动，让学生在 Sam's birthday party 情境中感知学习目标语言，再延伸到 Our birthday party 情境中，将英语学习和现实生活紧密结合起来，加深学生对 birthday party 的理解与体会。

教学目标定位

1. 能听懂、会说句型“How old are you?”“I'm ... years old.”，并能在真实情境中正确运用句型谈论年龄。
2. 能理解“Happy birthday!”，并能在实际生活场景中运用。
3. 能理解对话大意，用正确的语音语调朗读、表演对话。
4. 通过体验生日派对，了解庆祝生日的相关方式。

板书设计

教学过程

教学环节	教学活动	活动单链接
Warming up	**1. Sing a song** 学唱单元歌曲“Ten little candles”。	
	2. Count and say 看图片，数一数图中派对物品的数量，再两人合作进行对话。 Q: What do you see? How many ...?	
Presentation & practice	**3. Look and tick** 看图片，勾选生日的主角。 Q: Whose birthday is it?	【活动 1】Look and tick
	4. Listen and tick 听录音，勾选 Sam 的身份和年龄。 Q1: Who is Sam? 聚焦 Sam 的身份。 Q2: How old is Sam? 在“布置生日派对”情境中，引导学生猜测、关注 Sam 的年龄，再播放教材 Let’s talk 录音。 教师板书目标句型“I’m ... years old.”。	【活动 2】Listen and tick
	5. Watch and check 看视频，校对答案。	
	6. Talk and sing 学习模仿对话、歌曲，再两人一组对歌操练。	
	7. Watch and enjoy 看视频，欣赏课文。	
	8. Listen and imitate 跟读模仿教材录音。	
	9. Peer reading 两人小组开展活动，一人分饰三个角色进行对话，另一人认真倾听后完成评价并提出改进建议，随后两人互换任务。	【活动 3】Peer reading
	10. Let’s act 分角色为教材视频配音或表演对话。	
	11. Look and retell 根据信息，从 John 的角度进行复述。	【活动 4】Look and retell
Production	**12. Say and do** 出示教材主图，完成插蜡烛活动。 Q: How many candles?	
	13. Sing a song 学唱课外歌曲“Happy birthday song”送祝福。	
	14. Make a new dialogue 四人小组举办集体生日派对，先每人抽取一个数字（代表年龄），然后轮流进行两人对话，根据抽取的数字问答年龄，最后四人齐唱生日歌。	【活动 5】Make a new dialogue
Homework	1. Listen and read the dialogue with your friends. 2. Make a birthday card and have a group birthday party.	

（温州市瓯海区丽岙华侨小学 郑林敏）

Unit 6 Happy birthday!

B Let's talk

I can get ________ ★　　□ Great!　□ Good!　□ Try hard!

1 Look and tick

Whose birthday is it?

评价标准	完成情况
勾选正确	★★★

2 Listen and tick

(1) Who is Sam?

A. Sarah's friend.

B. Sarah's brother.

(2) How old is Sam?

A. He's six years old.

B. He's seven years old.

评价标准	完成情况
勾选正确	★★★

3 Peer reading

操作要点 两人小组开展活动，一人分饰 Sarah、Sam、John 进行对话，另一人认真倾听后完成评价并提出改进建议，随后两人互换任务。

评价标准	完成情况
朗读正确	★★★
朗读流利	★★★
语音语调正确	★★★

4 Look and retell

评价标准	完成情况
复述内容正确	★★★
复述语言流利	★★★

5 Make a new dialogue

操作要点 四人小组举办集体生日派对，先每人抽取一个数字（代表年龄），然后轮流进行两人对话，根据抽取的数字问答年龄，最后四人齐唱生日歌。

评价标准	完成情况
年龄问答正确完整	★★★
对话发音清晰流利	★★★
歌曲演唱准确优美	★★★

参考要点

★ four, five, six, ten

★ How old are you?/I'm ... years old./Happy birthday!/Thank you./Thanks./...

Unit 6 Happy birthday!

B Let's learn

教学材料分析

本单元的教学内容围绕“生日”情境展开，重点学习数字的表达。A 部分，通过 Sam 和妈妈购买生日蛋糕的情境，让学生学习运用目标词汇 one、two、three、four、five 及目标句型“How many ...?” “Five.”来表达数量。B 部分，通过 Sam 邀请朋友到家里过生日的情境，让学生学习运用目标词汇 six、seven、eight、nine、ten 及目标句型“How old are you?” “I'm ...”来表达年龄。本课时，学生将在介绍年龄的过程中学习目标词汇及目标句型“I'm ... years old.”，加深对十以内数字的理解并做到在真实情境中正确运用。

学生基础分析

在学习英语的起始阶段，学生对英语学习充满了兴趣。通过前面五个单元的学习，学生对问候、颜色、身体部位、动物、食物等话题有了基本了解，积累了一定的相关表达；学习了 26 个字母的音、形，形成了一定的拼读能力和书写能力；但在真实情境中运用目标词汇的能力还有待提升。

教学设计思路

本节课是以词汇教学为主，兼顾核心句型教学的词汇课。教学设计基于教材，在引入环节，学生通过欣赏歌曲，感知数字表达。接着通过复习 A 部分 Sam 年龄的表达，自然衔接本课教学内容。利用五位新朋友 Li Li、Ted、Lin Lin、Lu Yao、Kate 介绍自己年龄的情境，通过听音、模仿和认读等方式，逐步学习目标数字单词。同时，在图文配对、自我介绍、数字单词选择书写等活动中不断学习、巩固词汇。最后，在相互问候、姓名问答、年龄问答等情境中，运用目标词汇进行真实情境下的对话。

教学目标定位

1. 能在介绍年龄的活动中，理解、认读和运用数字单词 six、seven、eight、nine、ten。
2. 能在真实的语境中正确运用句型“I'm ... years old.”介绍自己的年龄。
3. 能听懂 Let's do 内容，并做出正确的动作。
4. 能体会数字无处不在，用途广泛。

板书设计

教学过程

教学环节	教学活动	活动单链接
Warming up	**1. Enjoy a song** 欣赏单元歌曲“Ten little candles”。	
	2. Look and say 出示不同数量的蜡烛图片和数字单词，让学生边数边说，初步感知数字单词的表达。 Q: How many candles?	
Presentation & practice	**3. Look and answer** 出示 Sam 的生日蛋糕图，引入数字的年龄表达。 Q1: How many candles? Let’s count together. 引导学生数蛋糕上蜡烛的数量。 Q2: How old is Sam? 引导学生表达 Sam 的年龄。	
	4. Look and say 出示新朋友的图片，认读名字。 Q: Let’s meet some new friends. Who are they?	
	5. Listen and circle 播放 Let’s learn 录音。 Q: How old is Li Li? 引导学生在五个数字中圈出 Li Li 的年龄。	【活动 1】Listen and circle
	6. Read and learn 呈现课文图片，引导学生听读单个单词，并进行语音知识渗透，尤其是字母组合“gh”和“i-e”的发音规则。	
	7. Watch and imitate 播放课文视频，让学生在情境中整体感知单词的音、形、义。	
	8. Read and write 读图和句子，完成姓名卡中姓名和年龄的书写。	【活动 2】Read and write
	9. Act and say 同桌合作，扮演五位新朋友做自我介绍。	
	10. I say, you do 读图听音，做出对应的动作，巩固单词的音、义。	
	11. Let’s do 播放 Let’s do 视频，请学生模仿表演。	
	12. Choose and write 学生自主阅读文本，选择正确的数字单词并规范填空。	【活动 3】Choose and write
Production	**13. Think and say** 创设新教师 Miss Li 认识同学们的情境，并创编对话。	【活动 4】Think and say
	14. Good to know 欣赏生活中的数字图片。	
	15. Read and match 读图，理解数字的不同意义，并进行图文配对。	【活动 5】Read and match
Homework	1. Read *Let’s learn* & *Let’s do* 3 times. 2. Find the numbers around you and take a picture, then read them correctly.	

（杭州市文溪小学　管静）

Unit 6 Happy birthday!

B Let's learn

I can get ________ ★ □ Great! □ Good! □ Try hard!

1 Listen and circle

How old are you?

I'm ____ years old.

Li Li

nine ten

six seven

eight

评价标准	完成情况
圈选正确	★★★

2 Read and write

How old are you?

I'm seven years old.

Ted

Name: ________

Age: 7

I'm eight years old.

Lin Lin

Name: ________

Age: ____

I'm nine years old.

Lu Yao

Name: ________

Age: ____

I'm ten years old.

Kate

Name: ________

Age: ____

评价标准	完成情况
匹配正确	★★★
书写正确	★★★
书写规范	★★★

3 Choose and write

six nine seven eight ten

 Show me ________.

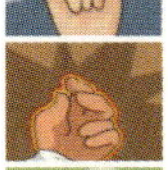 Show me ________.

 Show me ________.

 Show me ________.

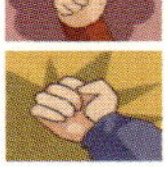 Show me ________.

评价标准	完成情况
书写内容正确	★★★
书写格式规范	★★★

4 Think and say

Make a name card, then try to ask and answer in pairs.

Step 1: Make a name card.　　Step 2: Make a new dialogue.

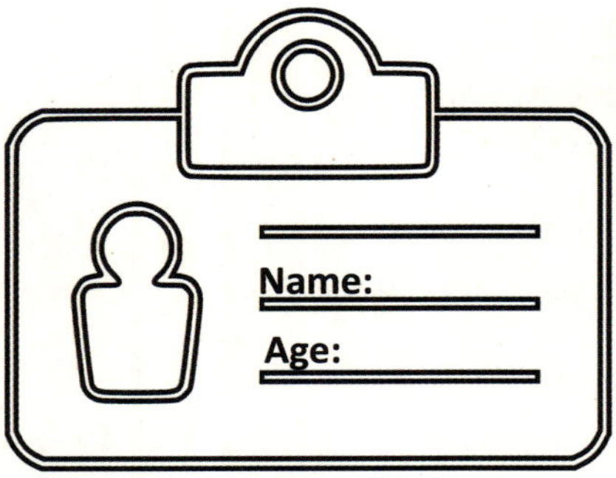

评价标准	完成情况
表达完整	★★★
语音准确	★★★
表达流畅	★★★

5 Read and match

(　　)

(　　)

(　　)

(　　)

(　　)

(　　)

A. seven o'clock　B. six yuan　C. Room three one six
D. eight cats　E. Six and four is ten.　F. one one nine

评价标准	完成情况
匹配正确	★★★
朗读正确	★★★

参考要点

★ o'clock(整点), yuan(元), room(房间), and(加)

Unit 6 Happy birthday!

B Start to read

教学材料分析

本单元的教学内容与年龄和数字有关。A 部分，借助情境 Sarah's brother's birthday，让学生学习目标词汇 one、two、three、four、five 和目标句型“How many ...?”，以及如何询问及回答物品的数量。B 部分，同样借助情境 Sarah's brother's birthday，让学生学习目标词汇 six、seven、eight、nine、ten 和目标句型“How old are you?”“I am ... years old.”，以及如何对年龄进行问答。

学生基础分析

学生在 A、B 部分中已经学习了 one、two、three、four、five 等数字单词以及句型“How many ...?”“How old are you?”，对于核心词汇和句型的语义、语用功能已经有了初步感知。通过三年级上册的学习，学生已经基本掌握 26 个字母的表达和书写，这些都为本课学习奠定了基础。

教学设计思路

本课时教学内容为 Start to read 板块，主要通过创设 Zoom's birthday party 这一情境，讨论主题“Numbers around us”。通过形式多样的活动整体推进教学，培养学生利用图片和文字获取信息的能力，并尝试书写简单的英文数字，为今后学生发展看、读、写的能力打好基础。

教学目标定位

1. 能在活动中认读并尝试书写数字单词 one、two、three、four、five、six、seven、eight、nine、ten。
2. 能运用“I see ...”等句型描述看到的数字或物品。
3. 能通过活动，提升从图片和文字中获取信息的能力，理解文本，解决问题。
4. 能将数字与实际生活相关联，能用英文向他人讲述自己身边的数字。

板书设计

教学过程

教学环节	教学活动	活动单链接
Warming up	**1. Watch and answer** 带领学生跟唱单元歌曲 “Ten little candles” 。 Q: What’s the song about?	
	2. Think and say 指导学生寻找身边的数字，感受 “Numbers are everywhere”。 Q: Can you find numbers around us?	
Presentation & practice	**3. Find, circle and say** 呈现真实的数字和长得像数字的物品这两类图片，引导学生关注生活中的两类数字。	
	4. Summary 把学生所找到的 real numbers 和 number-like things 进行对比和总结。	
	5. Find, tick and match 指导学生完成教材活动，复习数字单词，并在观察各种体态的鹅后，感受 “Numbers are interesting” 。	【活动 1】Find, tick and match
	6. Look, read and tick 创设情境 Zoom’s birthday party，引导学生阅读语段，判断 Zoom 的年龄。	
	7. Ask and answer 带领学生翻书看图进行问答。 Q: What letters do you see?	
	8. Look, count and match 带领学生数一数 Zoom 房间里的字母并连线。校对时引导学生关注字母 “V” 的个数，three/four 都正确。（笔筒里的两支笔也组成了 “V” ）	【活动 2】Look, count and match
	9. Summary 校对后总结，在 Zoom 的房间里既可以找到真实的字母，也可以找到长得像字母的物品。	
Production	**10. Look and say** 呈现情景图片 Zoom’s birthday party，引导学生两人一组，一人根据所给图片说一说看到了哪些东西（可以是物品、数字或字母），一人倾听后完成评价，随后两人互换任务。	
	11. Look, read and write 引导学生根据图片和文本，书写数字单词，初步掌握一定的阅读策略。	【活动 3】Look, read and write
	12. Good to know 带领学生观看视频，感受生活中的数字和字母。	
Homework	1. Finish the workbook page 43, look, read and match. 2. Read the text on the worksheet again. 3. Find interesting numbers and letters in your life.	

（嘉兴南湖实验学校　顾宇哲）

Unit 6 Happy birthday!

B Start to read

I can get ________ ★　　□ Great! □ Good! □ Try hard!

1 Find, tick and match

操作要点　观察图片中的鹅，先勾选出你看到的数字，然后将鹅与对应的英文数字连起来。

评价标准	完成情况
勾选正确	★★★
连线正确	★★★

2 Look, count and match

操作要点　观察教材图片，数一数房间中不同的字母分别有几个，将正确的英文数字和字母连起来。

评价标准	完成情况
连线正确	★★★

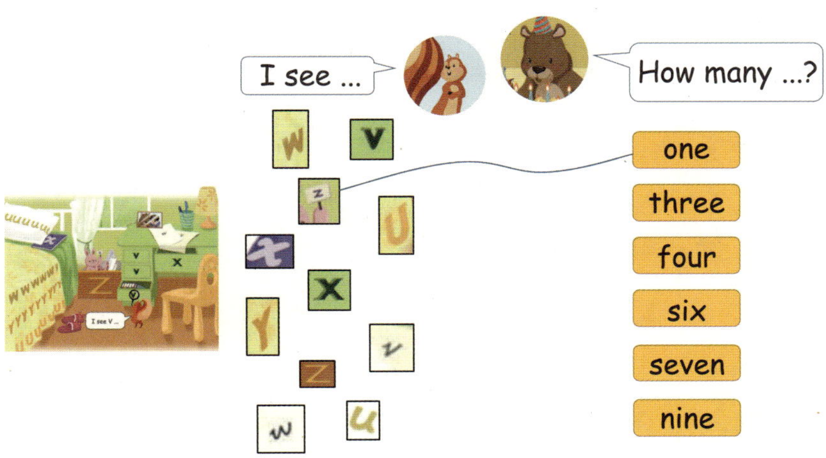

3 Look, read and write

操作要点 根据图片数一数生日场景中的物品，正确书写相应的数字单词，完成所给语篇。

评价标准	完成情况
数字正确	★★★
拼写正确	★★★
书写美观	★★★

Wow! I see ________ oranges, ________ apples and ________ glasses of juice.

I also see ________ plates and ________ big cake. I can't wait to eat the cake! What a nice party!

参考要点

★ one, two, three, four, five, six, seven, eight, nine, ten

Unit 6 Happy birthday!

C Story time

教学材料分析

本单元教学围绕“数字”展开，通过谈论生日以及年龄，思考如何为他人过生日，关心他人。A 部分，借助买生日蛋糕和捉迷藏的情境，谈论物品数量，引导学生学会为他人过生日并感恩家人。B 部分，通过 Sam 生日派对的场景，进一步学习运用数字来谈论年龄，让学生体验生日派对流程，学会祝福过生日的朋友。本课教学内容是 C 部分 Story time，通过小动物们悄悄来到 Zoom 家为其庆祝生日的故事，引导学生学会为朋友过生日并准备生日惊喜。

学生基础分析

本单元的主题与学生生活息息相关。学生在 A、B 部分的对话、词汇课中，通过 Sam’s birthday 情境，学习了谈论物品数量和询问年龄的句型和词汇，熟悉了生日派对的主要流程。本课将迁移情境，让学生在 Zoom’s birthday 情境中进一步体会为朋友庆祝生日并准备生日惊喜的喜悦之情，学会为他人庆生。

教学设计思路

本节课是以看、听、说、演为主的故事课。教学设计基于教材，“故事前”环节，通过歌曲导入，组织学生回顾关于数字的单词，并通过单元主情景图引出 Birthday party 语境。“故事中”环节，通过听音频、看图片、看视频的方式，帮助学生理解故事大意并尝试表演故事，引导学生抓住 Zoom 和 Zip 的心理活动，进一步深入理解故事。“故事后”环节，通过给故事取标题提炼全文主旨，通过完成日记检验学生对故事的理解程度，并总结如何庆祝生日，提升学生的综合语言运用能力。

教学目标定位

1. 能根据图片和视频，提取生日惊喜的相关信息，理解故事大意。
2. 能充分代入 Zoom 和 Zip 的角色，体验角色情感，猜测、表达其心理活动。
3. 能用正确的语音语调朗读故事，并在教师的帮助下创编、表演故事。
4. 能完成 Zoom 的日记，正确、规范地书写字母，正确表达对故事的理解。
5. 能从 Zoom 的朋友准备生日惊喜的过程中总结如何为朋友过生日，结合生活实际关心同学，为家人、朋友准备生日惊喜，送上生日祝福。

板书设计

教学过程

教学环节	教学活动	活动单链接
Warming up	**1. Enjoy a song** 跟唱单元歌曲 “Ten little candles” 。 Q: What’s the song about?	
	2. Look and say 呈现单元主情景图。 Q: How many ... do you see?	
Presentation & practice	**3. Read and predict** 呈现故事图 1，让学生观察预测。 Q: Who are they? Where are they? What do they do?	
	4. Watch and choose 观看无声故事视频，选择答案。	【活动 1】Watch and choose
	5. Look and find 呈现故事图 1 至图 4。 Q: Whose birthday? 找出证据。	
	6. Watch and order 播放故事图 1 至图 4 的视频，给图片排序。	【活动 2】Watch and order
	7. Look and match 看图片并匹配句子。 Q: It’s Zoom’s birthday. What do they say?	【活动 3】Look and match
	8. Listen, repeat and check 听音跟读，校对答案。	
	9. Watch and draw 播放故事图 1 至图 4 的视频。 Q: How does Zoom feel?	【活动 4】Watch and draw
	10. Think and say 引导学生代入Zoom的角色，体验其心情。 Q: What will Zoom say?	
	11. Watch and imitate 观看图 1 至图 4 的视频并模仿。	
	12. Mini show 选择一幅场景演一演。	【活动 5】Mini show
	13. Look and guess 呈现故事图 5。 Q: What will Zip say?	
	14. Good to know Q: Why does Zip say “You are old”?	
	15. Read along 播放全文视频，引导学生回顾完整的故事内容。	
	16. Name the story 请学生为故事取标题，并选出最佳标题。	【活动 6】Name the story
Production	**17. Write a diary** 填写字母完成日记。	【活动 7】Write a diary
	18. Learn from it Q: How do we celebrate birthdays?	
Homework	1. Listen and repeat *Story time*. 2. Conclude the ways to celebrate birthdays. 3. Prepare a surprise for your friend.	

（杭州市求是教育集团浙大二附小　张馨）

Unit 6 Happy birthday!

C Story time

I can get ________ ☆ □ Great! □ Good! □ Try hard!

1 Watch and choose

(1) Who are they?

A. Pig, Elephant, Horse, Bird, Duck, Lion and Zoom.

B. Pig, Tiger, Horse, Cat, Duck, Dog and Zoom.

(2) Where are they?

A. At Zoom's home. B. At Zip's home.

(3) What do they do?

A. Have a picnic. B. Have a party.

评价标准	完成情况
选择正确	☆☆☆

2 Watch and order

评价标准	完成情况
排序正确	☆☆☆

3 Look and match

It's Zoom's birthday. What do they say?

Let's eat the cake. I have two gifts. Happy birthday! Surprise!

评价标准	完成情况
连线正确	☆☆☆

4 Watch and draw

Zoom's friends make a surprise. How does Zoom feel?

评价标准	完成情况
表情绘画合理	★★★

5 Mini show

评价标准	完成情况
表达流利	★★★
表演生动	★★★
内容合理	★★★

6 Name the story

Which name do you like best? Think and tick.

- ☐ Birthday Cake
- ☐ Zoom's Birthday
- ☐ Old Zoom
- ☐ Birthday Surprise

评价标准	完成情况
勾选合理	★★★

7 Write a diary

3.14 Sunny

Today is my ___irthday. I'm so ___appy. I have many ___ifts. My friends make a surprise and say "Happy birthday" to me. Then, we eat the ___ake. At last, ___ip makes us laugh.

（最后，Zip 让我们都笑了）

Letter bank: a b H s c Z D g z C f h

评价标准	完成情况
字母选择正确	★★★
字母书写正确	★★★
字母书写美观	★★★

Recycle 2
Period 1

教学材料分析

本单元是本册第二个复习单元，主要复习前面六个单元的字母、词汇以及常用表达。本课是第一课时，包括一个有关鸟宝宝、鸟妈妈与黑猫的故事和两个练习。本课时，要求学生在故事情境中复习目标语言 “Have some ...” “Can I have some ...?” “OK, wait a minute.” “Look at your ...” “I like it!” 等，并引导学生体会故事内涵和角色个性特征，两个练习主要是有关词汇和常用表达的听说与认读训练。

学生基础分析

学生已经学习了动物、食物、身体部位和数字类词汇和常用表达，能够运用 “Look at my ...” “Have some ...” “Can I have some ...?” “Here you are.” 等常用表达进行简单的交流。三年级学生活泼好动，在课堂上乐于发言，对英语学习具有浓厚的兴趣。

教学设计思路

本课是一节以故事教学为主的复习课。通过听、说、读、演、练等活动，复习巩固有关动物、食物、身体部位以及数字等话题的词汇和常用表达，结合故事情境让学生体验、理解和运用语言，并感悟母爱的伟大。

教学目标定位

1. 能听、说、认读动物、食物、身体部位和数字类词汇和常用表达，在活动中完成归类。
2. 能理解故事内容，并按正确的语音语调朗读故事。
3. 能在故事语境中复习巩固 “Have some ...” “Can I have some ...?” “Look at your ...” “I like it!” 等核心语言，并进行合理表述。
4. 能把握故事角色个性特点，通过小组合作表演整个故事。
5. 能感悟故事内涵，感受母爱的伟大与无私。

板书设计

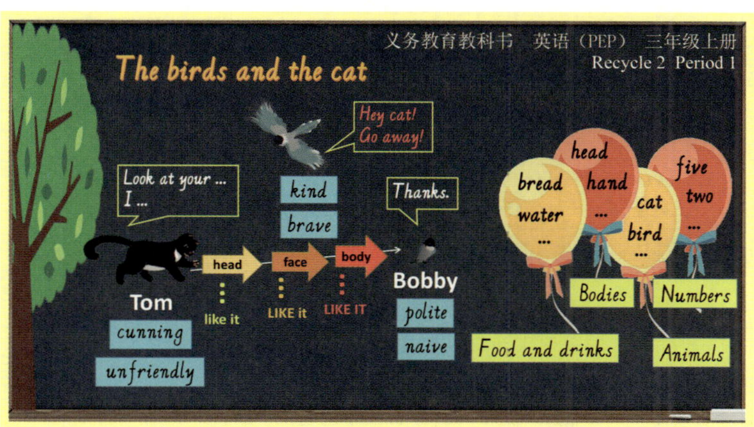

教学过程

教学环节	教学活动	活动单链接
Warming up	**1. Sing songs** 齐唱教材中的歌曲，复习有关食物、数字、身体部位和动物的单词。	
	2. Listen and tick 听教材第 67 页对话，勾选正确的图片。	【活动 1】Listen and tick
	3. Brainstorm 看板书分类提示，同伴相互快速说出关于食物、身体部位、数字、动物的单词。	
	4. Read and cross out the words 认读教材第 67 页的单词，并在不同类的单词上画“×”。	【活动 2】Read and cross out the words
Presentation & practice	**5. Look and predict** 出示故事图 3 和图 6，并提问。 Q: What's the story about? What happens? 引导学生猜测故事大意与情节。	
	6. Watch and tick or cross 播放完整故事视频（无字幕）并提问。 Q: Who's in the story? 引出故事角色，引导学生理清角色关系。	【活动 3】Watch and tick or cross
	7. Watch and choose 播放完整故事视频（有字幕）并提问，引导学生完成活动单。 Q: What are their names? What would Baby Bird like? What does Cat want to eat?	【活动 4】Watch and choose
	8. Read and match 引导学生观察图 3 至图 6 中的角色动作变化和语言变化，完成活动单，教师板书核心句型“Look at your ... I ...” “Thanks.” “Hey cat! Go away!”。	【活动 5】Read and match
	9. Good to know 引导学生关注图 4、图 5 中鸟宝宝的回答，懂得在受到别人的赞美或表扬时要说谢谢。	
	10. Watch and repeat 播放完整故事视频，学生跟读模仿。	
	11. Peer reading 同伴合作，一人分角色模仿朗读整个故事，另一人评价，然后交换任务。	
	12. Act out the part of the story 三人小组合作表演图 3 至图 6 的故事片段。	
Production	**13. Think and choose** 引导学生思考故事角色特征并完成活动单。 Q: What do you think of them in the story?	【活动 6】Think and choose
	14. Give a title 感悟故事，提炼主题，给故事取名。	
Homework	1. Read the story fluently and vividly. 2. Act out the story with your friends. 3. Finish the workbook page 45–46.	

（宁波市奉化区锦溪小学　石敏颖）

Recycle 2
Period 1

I can get ________ ★　　□ Great!　□ Good!　□ Try hard!

1 Listen and tick

(1) 

(2) 

(3) 

(4) 

(5) 

(6) 

评价标准	完成情况
勾选正确	★★★

2 Read and cross out the words

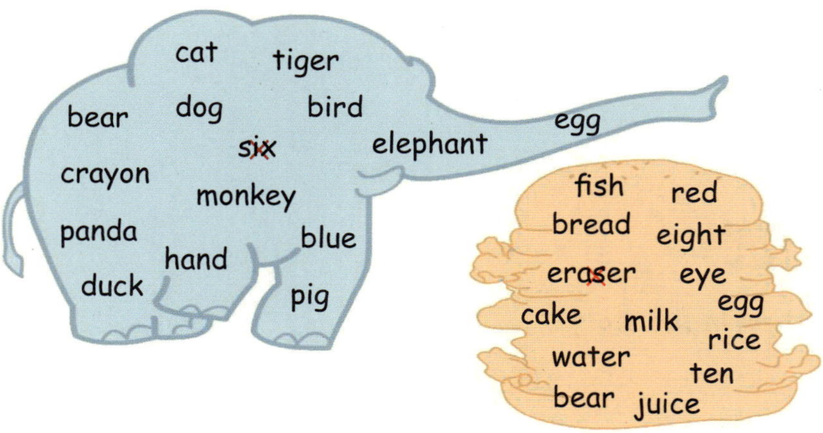

评价标准	完成情况
找到不同类的单词	★★★

3 Watch and tick or cross

Who's in the story?

(1) Mother Bird, Baby Bird and Cat □

(2) Mother Cat, Baby Cat and Bird □

评价标准	完成情况
判断正确	★★★

4 Watch and choose

(1) Baby Bird's name is ________. Cat's name is ________.

A. Tom　　　　　　　　B. Bobby

(2) Baby Bird would like some ________.

A. water　　　　　　　B. bread

(3) Cat wants to(想要) eat ________.

A. Baby Bird　　　　　B. Mother Bird

评价标准	完成情况
选择正确	★★★

5 Read and match

Look at your head.
I like it!

Morning! What's
your name?

Look at your body.
I LIKE IT!

Look at your face.
I LIKE it!

评价标准	完成情况
连线正确	★★★

6 Think and choose

What do you think of them in the story?

(　　)

(　　)

(　　)

A. kind(亲切的)　　　　　　B. cunning(狡诈的)

C. polite(有礼貌的)　　　　D. naive(天真的)

E. unfriendly(不友好的)　　F. brave(勇敢的)

评价标准	完成情况
特征选择合理	★★★

Recycle 2
Period 2

教学材料分析

本单元属于总复习单元，本课时为第二课时，共包含两部分。第一部分通过“梯子和蛇”的游戏综合复习动物、食物以及数字等话题的核心词汇及重点句型，要求学生能认读词汇，能运用“What's this/that?”“It's a/an ...”“Can I have ...?”“I'd like ...”“How many ...”“How old are you?”等句型。第二部分重点复习字母，通过正确匹配26个字母大小写的活动，复习字母的顺序以及书写规范。通过字母歌的学唱，帮助学生在韵律中整体复习巩固字母的发音以及所对应的单词。

学生基础分析

学生在前六个单元学习了26个字母的大小写、字母音以及作为单词首字母时的发音，能按照正确的顺序书写字母并匹配大小写字母。同时通过前三个单元的学习，学生已掌握动物、食物、数字等话题相关的单词以及句型。但学生在面对整体呈现的各单元知识时仍有理解困难，需要通过游戏、阅读语篇等方式将不同话题的内容进行整合，以帮助学生综合运用。

教学设计思路

本课是一节复习课，包含对字母、动物、食物、数字等话题的相关词汇及句型的复习。通过听、说、读、写等活动，在字母复习环节中巩固字母的书写以及发音，将同音素的字母分类。借助 Let's play 这个游戏，设计排序、读后匹配等活动，帮助学生掌握动物、食物和数字等相关话题的核心词汇和重点句型，使学生能够综合运用所学知识。

教学目标定位

1. 能熟练演唱字母歌，熟悉、理解单词中首字母的发音，并尝试改编歌曲。
2. 能掌握26个字母的顺序，能听、说、读、写字母大小写并正确匹配。
3. 能通过朗读发现具有相同音素的字母，并进行正确的分类书写。
4. 能听懂、理解关于动物、食物、数字等话题的语篇，并能掌握相关话题的单词。
5. 能运用核心句型“What's this/that?”“It's a/an ...”“Can I have ...?”“I'd like ...”“How many ...”“How old are you?”等进行口头表达。

板书设计

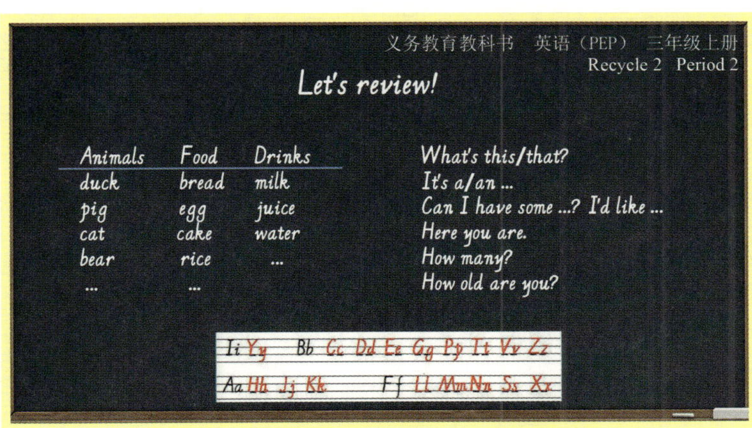

教学过程

教学环节	教学活动	活动单链接
Warming up	1. Let's sing 学唱教材第69页歌曲“Sing a song of ABC”，整体感知回顾26个字母的发音。	
	2. Think and say 学生说出以不同字母开头的其他单词，进一步巩固字母发音及词汇学习。 Q: What words do you know?	
	3. Let's make a new song 学生尝试将字母歌曲内容进行替换。 Q: Can you make a new song?	
Presentation & practice	4. Think and write 借助教材第69页图片，匹配字母大小写，并正确书写字母。 Q: Which letters are not here? Can you help?	【活动1】Think and write
	5. Read, find and write 出示字母小火车，引导学生通过朗读发现具有相同音素的字母，并进行正确的分类书写。 Q: Can you find the same sound? 校对答案的过程中，教师进行板书呈现。	【活动2】Read, find and write
	6. Let's play 出示“梯子和蛇”游戏的图片，教师介绍游戏规则，带领学生通过读图了解游戏的行走方向及图片内容。 Q: How many? What's this? Who is here?	
	7. Listen and number 播放听力录音，将四幅图根据录音内容进行排序，整体回顾动物、食物、数字类单词及相关的核心句型。	【活动3】Listen and number
	8. Read, group and write 出示有关动物、食物以及饮料的单词，用单词前的代表字母进行归类书写；加深对动物、食物以及饮料类单词的理解，巩固字母书写。 Q: Can you write the words in the right place?	【活动4】Read, group and write
	9. Read and choose 阅读教材第68页游戏图，匹配句型，理解和内化“Good morning!” “Have some ...” “I'd like ...” “Happy birthday!”等核心句型。 Q: Can you choose the right picture?	【活动5】Read and choose
Production	10. Read and write 阅读文本“Sam's birthday”，正确填写物品的数量，综合内化重点词汇及核心句型。 Q: What gifts does Sam have? How many?	【活动6】Read and write
Homework	1. Sing the song of ABC. 2. Make a new song of ABC. 3. Group the words (animals, food and drinks, numbers).	

（嘉兴经开实验学校　杨扬）

Recycle 2
Period 2

I can get ________ ☆　　□ Great!　□ Good!　□ Try hard!

1 Think and write

A_ _b Cc D_ Ee F_ G_ Hh

_i Jj K_ Ll _m Nn Oo _p Q_

Rr Ss T_ Uu Vv _w Xx Y_ Zz

评价标准	完成情况
书写正确	☆☆☆

2 Read, find and write

Ii __ Bb __ __ __ __ __ __ __ __

Aa __ __ __ Ff __ __ __ __ __

评价标准	完成情况
字母书写正确	☆☆☆
认真仔细思考	☆☆☆

3 Listen and number

( )

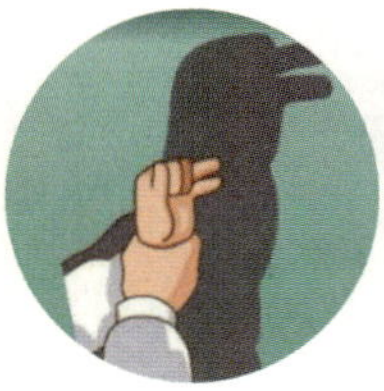
( )

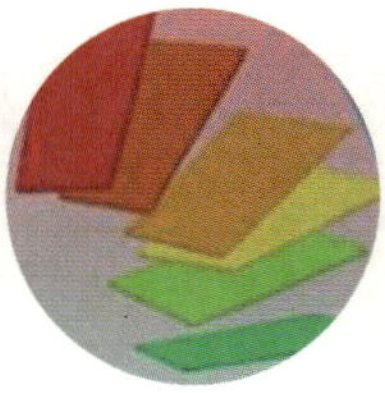
( )

( )

评价标准	完成情况
排序正确	☆☆☆

4 Read, group and write

A. water	B. tiger	C. egg	D. rice
e. elephant	f. cake	g. dog	h. bear
I. milk	J. pig	K. juice	L. monkey

Animals	Drinks	Food
B	A	C

评价标准	完成情况
分类正确	★★★
书写标准	★★★

5 Read and choose

A

B

C

D

(1)	(2)	(3)	(4)
— Good morning! — Good morning!	— Have some water. — Thank you.	— Happy birthday! — Thank you!	I'm hungry. I'd like some cake.
○	○	○	○

评价标准	完成情况
选择正确	★★★

6 Read and write

操作要点 阅读对话，找出 Sam 的礼物，填写礼物的数量。

What gifts does Sam have? How many?

 ____  ____  ____  ____

评价标准	完成情况
物品数量书写正确	★★★

附录 1　小学英语分项等级评价报告样例

<table>
<tr><td rowspan="2">评价项目</td><td rowspan="2">评价分项</td><td colspan="2">评价等第</td></tr>
<tr><td>课堂</td><td>作业</td></tr>
<tr><td rowspan="2">态度习惯</td><td>兴趣与态度</td><td></td><td></td></tr>
<tr><td>习惯与方法</td><td></td><td></td></tr>
<tr><td rowspan="2">评价项目</td><td rowspan="2">评价分项</td><td colspan="2">评价等第</td></tr>
<tr><td>单元</td><td>期末</td></tr>
<tr><td rowspan="5">学业水平</td><td>视听理解</td><td></td><td></td></tr>
<tr><td>口头表达</td><td></td><td></td></tr>
<tr><td>阅读理解</td><td></td><td></td></tr>
<tr><td>书面表达</td><td></td><td></td></tr>
<tr><td>综合语言实践</td><td></td><td></td></tr>
<tr><td colspan="4">文字描述：

教师签名：</td></tr>
<tr><td colspan="4">家长寄语：</td></tr>
</table>

说明：表内各项评价等第按 A、B、C 三级评定，对应优秀、良好、合格；D 等第在二次评估后以 C 等第记录；“单元”评价主要是通过各个单元的综合表现给予评价等第；学校可根据校情、年级和本学科特点作调整优化。

附录内容摘自浙江教育出版社《小学英语综合评价指南》。

附录 2　小学英语三至六年级学业质量标准

学业质量标准

学业质量是学生在完成课程阶段性学习后的学业成就表现，反映核心素养要求。学业质量标准是以核心素养为主要维度，结合课程内容，对学生学业成就具体表现特征的整体刻画。英语学业质量标准以学生在语言能力、文化意识、思维品质和学习能力等方面的核心素养及其学段目标为基础，结合英语课程的内容和学生英语学习的进阶情况，从学习结果的角度描述各学段学业成就的典型表现。

根据《义务教育英语课程标准（2022 年版）》有关学业质量标准一级（3—4 年级）和二级（5—6 年级）的分段描述，结合不同年级学生的发展水平和学业成就表现的关键特征，研制各年级学业质量标准，具体描述见表 1 至表 4。

表 1 三年级学业质量标准

序号	学业质量描述
1–1–1	能听懂日常生活中的问候并进行回应。
1–1–2	能与他人互动交流，对赞扬、道歉、致谢等作出回应。
1–1–3	能借助图片、手势、实物等，听懂简单指令并作出反应。
1–1–4	能借助语气、语调等听懂日常简短对话、独白或小故事等，理解有关个人、家庭，以及熟悉事物等语篇材料的基本信息。
1–1–5	观看语言简单的英语动画片或英语教学节目时，能借助动画、声音、手势、表情等推断其传达的意义。
1–1–6	在阅读配图故事、对话等简单语篇材料时，能借助画面等信息，推断语篇所传达的主题及主要信息。
1–1–7	在跟读简短的音视频材料时，能感知单词、短语、简单句的重音和升降调，能模仿说话者的语音、语调及简单的话语。
1–1–8	能感知字母在单词中的发音和简单的拼读规则，尝试借助拼读规则拼读单词。
1–1–9	能用简单的语言介绍自己的基本情况和身边熟悉的人或事物，并表达情感与喜好，语言达意。
1–1–10	能认读或说出典型的中外文化标志物，如国旗、动物、城市主要建筑等，具有初步身份意识和国家认同感。
1–1–11	能正确书写所学的字母、单词和短语。
1–1–12	能参照范例，仿写句子中的单词和短语。
1–1–13	对英语学习感兴趣；能与同伴一起通过模仿、朗读、说唱、表演等方式参与语言实践活动。
1–1–14	乐于观察生活中的语言和文化现象，了解不同事物的特点，尝试从不同角度看待事物。
1–1–15	对英语有好奇心，能主动思考，尝试就不懂之处提出疑问，初步养成课外视听和阅读的良好学习习惯。
1–1–16	能在教师的指导和帮助下，制订简单的学习计划，并付诸行动。

注：三年级序号标注为 1–1–1，分别表示一级、三年级、第一条，以此类推。

表 2　四年级学业质量标准

序号	学业质量描述
1-2-1	能听懂日常生活中的问候，大方地与他人接触，主动问候。
1-2-2	能与他人互动交流，对请求、祝福、邀请等作出回应。
1-2-3	能借助语气、语调、手势、表情等，听懂指令并判断说话者的情绪和态度。
1-2-4	能听懂简单的对话、短文或故事，理解有关熟悉的人或事物等相关语篇的主题及主要信息。
1-2-5	观看语言简单的英语动画片或英语教学节目时，能借助语气、语调、手势和表情等推断说话者的情绪、情感、态度和意图。
1-2-6	在阅读配图故事、对话等语篇材料时，能积极思考，根据标题、图片或个人经验等进行预测，识别、提取关键信息，理解语篇意义。
1-2-7	在跟读简短的音视频材料时，能体会单词、短语、简单句的重音和升降调，能模仿说话者的语音、语调和情绪的表达。
1-2-8	能感知字母组合在单词中的发音和简单的拼读规则，能借助拼读规则拼读单词。
1-2-9	能简单描述熟悉的生活和身边的事物，并初步形成自己的想法和意见，表明态度。必要时借助模仿、重复、手势和表情等非语言手段，实现简单的沟通与交流。
1-2-10	能观察、辨识中外典型文化标志物、饮食及重大节日，并简单描述与中外文化有关的图片和事物，具有初步的身份意识和国家认同感。
1-2-11	能正确书写所学单词、短语和句子。
1-2-12	能根据图片或语境，仿写简单句。
1-2-13	对英语学习感兴趣，敢于表达，不怕出错；能与同伴一起通过模仿、朗读、说唱、配音、表演等方式参与语言实践活动；遇到困难能大胆求助。
1-2-14	乐于观察生活中的语言和文化现象，比较其异同，具有初步观察、识别、比较中外文化的意识。尝试就不懂之处提出疑问，知晓一问可有多解。
1-2-15	尝试借助多种渠道学习英语，每周课外视听活动不少于 30 分钟，课外阅读量累计达到 1500—2000 词。
1-2-16	能制订简单的学习计划，能意识到自己英语学习中的进步与不足，并作出适当调整。

注：四年级序号标注为 1-2-1，分别表示一级、四年级、第一条，以此类推。

表 3 五年级学业质量标准

序号	学业质量描述
2-1-1	能对他人的邀请、祝愿、请求与帮助等作出回应，用语得体。
2-1-2	能借助关键词语推测说话人的观点和态度。
2-1-3	在听、看简单的对话、独白和小故事音视频材料时，能获取有关人物、时间、地点、事件等基本信息。
2-1-4	能通过简短的语篇了解世界主要国家的生活习俗、饮食习惯、文化传统，了解中外重大节日、优秀代表人物、主要体育运动项目等，初步比较文化异同。
2-1-5	能借助图片、上下文线索尝试推测语篇中生词的含义，推测未知信息。
2-1-6	在阅读相关主题的语篇材料时，能按意群阅读，梳理人物、场景、情节等信息，进行简单的分类和对比。
2-1-7	能借助拼读规则拼读单词，能流利地朗读课内所学语篇，发音清晰，语音、语调基本正确。
2-1-8	能在教师的帮助下或借助语言支架，简单复述语篇大意；能对语篇内容进行简单的续编或改编等。
2-1-9	能用简单的句子口头描述与中外文化有关的具体现象和事物，语句基本通顺。
2-1-10	能围绕相关主题，借助语言支架简单叙述或与他人简单交流，表达自己的情感、态度和观点，规避不恰当的谈话内容，借助非语言手段表达意思，基本达到交际的目的。
2-1-11	能运用所学词句讲述简单的小故事，表意基本清楚。
2-1-12	进行书面表达时，能正确使用大小写字母、标点符号，拼写基本正确。
2-1-13	能参照范例仿写简单的贺卡、邀请卡、书信、邮件、海报、日记、通知、公告等，语言基本准确。
2-1-14	能用简单的语句描述图片内容，意义连贯，句子形式基本正确。
2-1-15	对英语学习有兴趣和自信心，能主动参与课堂活动，遇到问题能主动请教；能与同伴一起围绕相关主题进行讨论，合作完成综合语言实践任务。
2-1-16	愿意通过阅读等方式了解不同的语言和文化现象，了解不同文化背景下人们的行为举止、待人接物的礼仪，尝试从不同角度分析问题。
2-1-17	能在教师的指导下，制订并完成简单的英语学习计划，根据需要进行预习，对所学内容主动复习和归纳，初步找到适合自己的学习方法。
2-1-18	能借助多种渠道或资源学习英语，主动利用图书馆和相关资源进行拓展学习。养成课外视听和阅读的习惯，每周课外视听不少于 30 分钟，课外阅读累计达 3000—4000 词。

注：五年级序号标注为 2-1-1，分别表示二级、五年级、第一条，以此类推。

表 4 六年级学业质量标准

序号	学业质量描述
2-2-1	能对他人的邀请、祝愿、请求与帮助等主动回应，用语得体礼貌。
2-2-2	能借助关键词语推测说话人的观点和态度，推测未知信息。
2-2-3	在听、看简单的对话、独白和小故事音视频材料时，能获取有关人物、时间、地点、事件等基本信息，推测未知信息。
2-2-4	能通过简短的语篇了解世界主要国家的生活习俗、饮食习惯、文化传统，了解中外重大节日、优秀代表人物、主要体育运动项目、简单的英语优秀文学作品等，初步比较文化异同。
2-2-5	能借助图片、上下文线索推测语篇中生词的含义，推测未知信息。
2-2-6	在阅读相关主题的语篇材料时，能按意群阅读，梳理人物、场景、情节等信息，进行简单的分类和对比；能理解多模态语篇（如动画、海报、图书及其他印刷品的封面和封底等）传达的意义，提取关键信息。
2-2-7	能借助拼读规则拼读单词，能流利地朗读课内所学语篇，发音清晰，语音、语调基本正确，能体会意群、语调与节奏，尝试借助句子中单词的重读表达自己的态度与情感。
2-2-8	能在教师的帮助下或借助语言支架，复述语篇大意；能对语篇内容进行续编或改编等。
2-2-9	能用简单的句子口头描述与中外文化有关的具体现象和事物，语句基本通顺，意义完整。
2-2-10	能围绕相关主题叙述或与他人交流，表达自己的情感、态度和观点。表达时能根据文化背景规避谈话内容，达到交际的目的。
2-2-11	能运用所学词句讲述、表演简单的小故事或短剧，表意基本清楚。
2-2-12	进行书面表达时，能正确使用大小写字母、标点符号，拼写基本正确，书写美观。
2-2-13	能参照范例仿写简单的贺卡、邀请卡、书信、邮件、海报、日记、通知、公告等，语言基本准确。根据需要，能运用图表、海报、自制绘本等方式创造性地表达意义。
2-2-14	能用简单的语句描述图片内容，意义连贯，句子形式基本正确，并尝试使用描述性词语添加细节，使内容丰富、生动。
2-2-15	对英语学习有兴趣和自信心，能主动参与课堂活动，遇到问题能主动请教，能有效调整情绪；能大胆尝试用英语交流，与同伴一起围绕相关主题进行讨论，合作完成综合语言实践任务。
2-2-16	愿意通过阅读等方式了解不同的语言和文化现象，了解不同文化背景下人们的行为举止、待人接物的礼仪，尝试从不同角度分析问题，进行独立思考。
2-2-17	能在教师的指导下，制订并完成简单的英语学习计划，根据需要进行预习，主动借助图表、思维导图等工具归纳、整理所学内容；能主动了解英语学习方法，找到适合自己的学习方法。
2-2-18	能借助多种渠道或资源学习英语，主动利用图书馆和相关资源进行拓展学习。能初步借助词典等简单的工具书学习英语。能欣赏课外英语歌曲和韵文的音韵节奏。养成课外视听和阅读的习惯，每周课外视听不少于 30 分钟，课外阅读累计达 4000—5000 词。

注：六年级序号标注为 2-2-1，分别表示二级、六年级、第一条，以此类推。